考拉旅行 乐游全球

重磅旅游图书
《法国攻略》新装升级
一如既往带您畅游法国

法国攻略

旅游行家亲历亲拍！
超美法国热地大赏！

GUIDE

2017-2018
全彩升级版

《法国攻略》编辑部编著

华夏出版社
HUAXIA PUBLISHING HOUSE

目录

法国攻略

A 速度看法国！	…009
B 速度去法国！	…010
C 速度行法国！	…024
D 速度玩法国！	…028
E 速度赏法国！	…030
F 速度吃法国！	…032
G 速度买法国！	…034
H 速度买法国！	…036
I 速度游法国！	…038
J 速度去摩纳哥公国！	…042

Part.1 巴黎埃菲尔铁塔 …047

埃菲尔铁塔	…048
战神广场	…049
瑞士村跳蚤市场	…049
吉梅博物馆	…050
巴尔扎克纪念馆	…050
国民议会大厦	…051
罗丹美术馆	…051
荣军院	…052
军事博物馆	…052
拿破仑之墓	…053
特罗卡岱罗花园	…053
巴黎流行服饰博物馆	…054
夏乐宫	…055

Part.2 巴黎凯旋门 …057

富格	…058
凯旋门	…059
香榭丽舍大街	…059
贝西区	…060
Louis Vuitton总店	…060
圣奥诺雷街	…061
丝芙兰	…061
蒙田大道	…063
阿尔玛广场	…064
巴黎市立美术馆	…065
亚历山大三世桥	…065
巴黎下水道博物馆	…066
小皇宫	…066
丽都	…067
戴高乐广场	…067

马摩坦美术馆	…067

米其林专卖店	…084
爱丽舍宫	…085
Rue du Faubourg St-Honoré	…085
迪贝莱广场	…087

Part.3 巴黎卢浮宫 …069

卢浮宫	…070
旺多姆广场	…074
王宫	…075
艺术桥	…075
莫里哀喷泉	…075
骑兵凯旋门	…076
协和广场	…076
杜乐丽花园	…077

Part.5 巴黎圣母院 …089

塞纳河	…090
Ladurée	…091
圣米歇尔大道	…091
Rue Xavier Privas	…092
西岱岛	…092
司法大厦	…093
巴黎圣母院	…093
圆顶咖啡馆	…094
贝希隆冰激凌	…095
圣徒礼拜堂	…095
新桥	…096

Part.4 巴黎加尼耶歌剧院 …079

加尼耶歌剧院	…080
狡兔之家	…081
和平咖啡馆	…081
巴黎春天百货	…082
我的勃艮第	…082
老佛爷百货	…083
Fauchon	…083
赫迪亚	…084
马德莱娜教堂	…084
马德莱娜广场	…084

桑斯宅第	…096
圣杰罗维·圣普维特教堂	…097
里欧力大道	…097
巴黎市政厅	…098
蓬皮杜文化艺术中心	…098
史特雷尔面包店	…099
若望二十三世广场	…099
圣路易岛	…099

Part.6 巴黎其他 …101

圣日耳曼德佩教堂	…102
红磨坊	…103
双磨坊咖啡馆	…103
雷阿勒商场	…104
卢森堡公园	…105
丁香园咖啡馆	…106
Le Bon Marche	…106
巴士底狱遗址	…107
巴士底歌剧院	…107
圣马丁运河	…108
圣心大教堂	…109
格勒凡蜡像馆	…110
圣日耳曼大道	…111
力普啤酒馆	…111
花神咖啡馆	…112
蒙巴纳斯大厦	…112
蒙巴纳斯大道	…113
帕特广场	…113

雾巷	…114
蒙马特葡萄园	…114
万神殿	…115
圣米歇尔广场	…115
圣耶戈纳迪蒙教堂	…116
孚日广场	…116
众神的食堂	…117
斯特拉文斯基广场	…117
圣梅丽教堂	…118
巴黎清真寺	…118
巴黎唐人街	…119
拉德芳斯新区大拱门	…119
索邦大学	…120
布隆尼森林	…120
凡尔赛宫	…121
巴黎迪斯尼乐园	…121
香波堡	…122
第戎圣母院	…122
枫丹白露宫	…123
巴黎市立现代美术馆	…123
吉美博物馆	…124
毕加索美术馆	…124
奥赛博物馆	…125
铸币博物馆	…126
橘园美术馆	…126
雨果纪念馆	…127
波克普咖啡馆	…127

圣马克劳墓地	…137
鲁昂大钟楼	…137

Part.8 布列塔尼 …139

雷恩旧城区	…140
圣皮埃尔教堂	…141
圣救者教堂	…141
迪南旧城区	…141
HB陶器工厂	…141
布列塔尼议会宫	…142
盐之路	…142
坎佩尔美术博物馆	…142
圣科伦坦教堂	…143
拉兹角	…143
圣托诺恩圣母教堂	…143
洛克罗南小镇	…143
爱情森林	…144
七岛	…144
孔卡诺岛	…144
丽港修道院	…145
佩雷斯-吉雷克	…145
朗波勒·吉米利欧牧区教堂	…145
布雷阿岛	…145

蒙马特达利空间	…128
蒙马特博物馆	…128
国立中世纪博物馆	…129

Part.7 诺曼底 …131

联军登陆博物馆	…132
印象派美术馆	…132
布迪旅店	…133
莫奈花园	…133
格朗维尔小镇	…134
鲁昂圣马克劳教堂	…134
多维尔娱乐场	…134
圣米歇尔山修道院	…135
鲁昂旧城区	…135
鲁昂圣母大教堂	…136
圣女贞德教堂	…136

Part.9 斯特拉斯堡 …147

斯特拉斯堡圣母院大教堂	…148
小法国区	…149
科尔马菩提树下博物馆	…149
人头屋	…150
里克威尔	…150
小威尼斯	…151
巴尔托尔迪博物馆	…152
里博维莱	…152
凯斯堡	…152

艾古斯汉 ···153

Part.10 里昂 ···155

里昂贝勒库尔广场 ···156
蓝色火车餐厅 ···157
纺织博物馆 ···157
里昂歌剧院 ···158
圣让首席大教堂 ···158
里昂灯光节 ···159
里昂圣母教堂 ···159
古罗马剧场 ···160
高卢-罗马文化博物馆 ···160
卢米埃尔纪念馆 ···161
里昂老城 ···161
题德多公园 ···162
艺术博物馆 ···162
白莱果广场 ···163
夏慕尼 ···163
冰海 ···164
南针峰 ···164
依云镇 ···165
安纳西 ···165

Part.11 马赛 ···167

马赛旧港 ···168
老救济院 ···169
伊夫城堡 ···169
圣母加德大教堂 ···170
罗马码头博物馆 ···170
马约尔大教堂 ···171
马赛市政厅 ···171
卡内比耶大道 ···172
马赛市立歌剧院 ···172
康蒂尼博物馆 ···173

隆尚宫 ···173
圣维克多修道院 ···174
马赛美术馆 ···175

Part.12 普罗旺斯 ···177

亚维农教皇宫 ···178
亚维农圣母院 ···179
亚维农时钟广场 ···179
圣贝内泽桥 ···179
染匠街 ···180
阿尔勒圆形竞技场 ···180
阿尔勒古罗马剧场 ···181
阿尔勒古迹博物馆 ···181
梵高医院 ···182
塞农克圣母修道院 ···182
共和广场 ···183
圣托菲姆教堂 ···183
梵高纪念艺廊 ···184
梵高咖啡馆 ···184
阿尔勒公园 ···184
石棺公园 ···185
都德的风车 ···185
葛哈内博物馆 ···186
米拉波大道 ···187
塞尚故居 ···188
塞尚画室 ···188
波城古堡 ···189
圣苏维尔大教堂 ···189

Part.13 尼斯 ···191

英国人散步道 ···192
尼斯珍梅德森大道和马塞纳广场 ···193
昂日湾 ···193
尼斯旧城区 ···194

城堡遗迹公园	…194
俄罗斯东正教大教堂	…195
戛纳影节宫	…195
列航群岛	…196
城堡美术馆	…196
小十字大道	…196
苏给区（戛纳旧城区）	…197
夏加尔博物馆	…197
马蒂斯博物馆	…198
Alziari橄榄油专卖店	…198
马塞纳美术馆	…199
现代与当代艺术美术馆	…199
格拉斯	…200
格拉斯国际香水博物馆	…200
普罗旺斯博物馆	…201
比欧特旧城区	…201
费南德·雷杰国家美术馆	…201

Part.14 法国其他 …203

舍农索城堡	…204
波尔多大剧院	…205
圣安德烈教堂	…205
圣凯瑟琳街	…206
皮耶尔桥	…206
波尔多交易所广场	…207
圣米歇尔教堂	…207
坎康斯广场	…208
科尔贝号巡洋舰	…208
沙尔特龙区	…209
马尔戈酒庄	…209
穆顿·罗特席尔德庄园	…210
拉菲特·罗施尔德庄园	…210
图卢兹圣塞南教堂	…210
圣米歇尔山修道院	…211
卡尔卡松	…211
布卢瓦城堡	…211
图卢兹政府大厦广场	…212
图卢兹雅各宾修道院	…212
鲁昂圣女贞德教堂	…213
卡昂	…213
鲁昂圣马克鲁教堂	…214
鲁昂大钟	…214
圣马洛	…215
兰斯圣母大教堂	…215
维朗德里城堡	…216
兰斯德鲁埃·艾隆广场	…216
科尔马	…217
科尔马菩提树下美术馆	…217

附录 摩纳哥公国 …219

摩纳哥王宫	…220
摩纳哥大教堂	…221
蒙特卡洛	…221
圣德沃特教堂	…222
异国花园	…222
日本花园	…223
摩纳哥国立博物馆	…223
摩纳哥港	…224
巴黎饭店	…225
海洋博物馆与水族馆	…226
摩纳哥邮票钱币博物馆	…227
赫米提兹饭店	…227

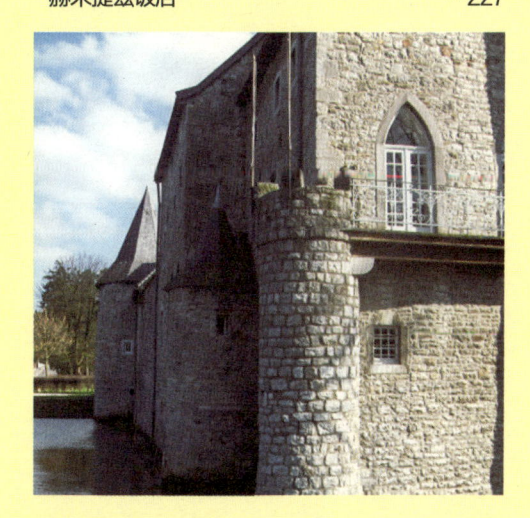

法国
攻略HOW

好玩　好买　好吃

A 速度看法国！
FRANCE HOW

法国推荐

1 印象

法国全称为法兰西共和国。作为欧洲浪漫风情的中心，法国拥有悠久的历史、丰富的文化内涵、如画般的自然风光和遍布全国的名胜古迹。风情万种的"花都"巴黎、美丽迷人的蓝色海岸、盛开着薰衣草的普罗旺斯、美酒飘香的波尔多等，都是令人神往的旅游胜地。浪漫的法国人同时也充满激情，他们创造了无与伦比的文化艺术成就，而时装、香水、葡萄酒则更催化了这个民族的浪漫与从容。

2 地理

法国位于欧洲西部，三面临海。法国本土面积约为55万平方公里，是西欧面积最大的国家。它与比利时、卢森堡、瑞士、德国、意大利、西班牙、安道尔、摩纳哥公国接壤，西北隔拉芒什海峡与英国相望，濒临北海、英吉利海峡、大西洋和地中海四大海域，地中海上的科西嘉岛是法国最大岛屿。法国国内地势东南高、西北低，法意边境的勃朗峰海拔约为4810米，为西欧最高峰。

3 气候

法国西部属温带海洋性气候，南部属地中海气候，中部和东部属温带大陆性气候。全国平均降水量从西北往东南由600毫米递增至1000毫米以上，山区达1500毫米以上。法国一年中大部分时间气候温和，夏季南部和东部最高气温可达24℃。

4 区划

法国本土共划为阿尔萨斯、阿基坦、奥维尔涅、勃艮第、布列塔尼、中部地区、香槟－阿登、科西嘉、弗朗什－贡岱、巴黎大区、朗克多克－鲁西翁、利姆赞、洛林、南比利牛斯、北加莱海峡、下诺曼底、上诺曼底、卢瓦尔地区、皮卡尔迪、布瓦图－夏朗德、普罗旺斯－阿尔卑斯－蓝色海岸、罗讷－阿尔卑斯22个大区；瓜德鲁普、马提尼克、法属圭亚那、留尼旺4个海外省；法属波利尼西亚、新喀里多尼亚、瓦利斯群岛和富图纳群岛、法属南半球和南极领地4个海外领地和马约特岛、圣皮埃尔岛和密克隆岛3个地方行政区。

5 人口

法国人口约有6500万，其中本土人口6200多万。法国国歌为《马赛曲》，国花为鸢尾花，国鸟为雄鸡。

6 航空

法国巴黎、里昂、波尔多、尼斯等城市都有国际机场，可以从大部分欧洲国家飞往法国。目前中国的北京、上海、广州、香港共4座城市开通了直达巴黎戴高乐机场的航班，飞行时间约为12小时。法国有法国航空（AF）、AOM法国航空（IW），以及专飞国内的Air Inter Europe（IT）和TAT航空（IJ）4家航空公司。此外，还有很多廉价航空公司的航班在法国国内各城市和欧洲各地飞行，游客可选择搭乘有较高折扣的航班出行。

7 铁路

法国铁路系统不仅覆盖了法国国内大部分地区，同时也与西班牙、意大利、瑞士、英国等国家铁路系统相互连通，游客可以乘国际列车很方便地往返欧洲主要国家。以巴黎为中心、连接法国各大主要城市的TGV高速火车是世界上速度最快的列车之一。除了法国国内的波尔多、里昂、普罗旺斯等地外，游客还可搭乘TGV前往瑞士、比利时等国家。此外，法国铁路公司推出了专供国外游客使用的火车通行证，游客可在1个月内任选一定天数搭乘法国境内火车，除车票可以打折外，还可以享受很多优惠。

8 公路

法国公路网总里程达到100万公里，其中有近8000公里为高速公路。在法国各大城市的火车站和机场等地都有汽车租赁公司的办事处，游客持国际驾照、保险凭证等证件可以很方便地租到各种类型的汽车。在法国，驾车必须系上安全带，在没有特殊指示的情况下，右侧驶来的车辆享有优先权。一般情况下，法国城市内限速为每小时50公里，公路上为每小时90公里，快速路为每小时110公里，高速公路为每小时130公里，游客可以在驾车过程中收听频率为107.7的"调频高速路"（Autoroute FM）广播了解当时的路况信息。

B 速度去法国！
FRANCE HOW

❶ 如何办理赴法旅游观光手续及注意事项

中国公民前往法国旅游可在法国驻华大使馆申请签证，具体办理手续如下：

赴法旅游	
申请资格	目前全国所有地区的公民都可以申请赴法旅游。
所需材料	1.护照有效期需超过所申请签证有效期三个月，并附个人资料页复印件一份； 2.短期签证申请表（签证申请表下载网址https://cn.tlscontact.com/cnSHA2fr/page.php?pid=download_forms），两张彩色证件照（白底，尺寸34mm×45mm）； 3.航空公司出具的往返机票订单； 4.在申根国家区域内整个停留期间的居住和接待担保； 5.金额在3万元人民币以上或等值外币的个人银行存款证明及房产证复印件、汽车行驶证复印件等，如夫妻一同申请，则存款证明需要在6万元以上； 6.在申根国家区域内逗留期间有效的医疗保险，保险金额不低于30万元人民币； 7.户口本原件及各页复印件； 8.由所在单位信笺纸打印并加盖公章的允许出国证明； 9.单位空白盖章抬头纸4张，要求抬头纸上必须盖有公司的红章，印有抬头（公司名称），有公司地址、电话及传真，并且有领导人签名及领导人的职务； 10.营业执照复印件； 11.不满18岁的未成年人，须提供一份父母允许旅游的证明、一份出生公证书，证明父母子女关系。
停留时间	根据申请时的日程安排而定，最长不超过90天。
所需费用	60欧元。
注意事项	1.申请签证时一定要与真实情况相符，否则若是在申请过程中被发现与事实不符，可能会被永久拒签。 2.申请签证的准备材料要求必须译成法文或英文，材料要细致地准备，这样通过的成功率更高。 3.申根签证有几次进出申根国家的限制，请事先了解清楚，以免到时无法入境。 4.大使馆有时会通知面试，面试的时候可以使用法语，如果法语不好的话可以用汉语回答，不会因此影响签证的成功率。 5.在办理签证之前，最好先向法国驻华使领馆以电话或通过其网页查询相关要求，以免准备不全。

*上述介绍仅供参考，具体申请手续以当地有关部门公布的规定为准。

❷ 申请法国签证

签证申请流程

步骤1 在线注册

您只需花费1分钟，提供一个常用的e-mail地址即可在线注册（网址：https://cn.tlscontact.com/cnBJS2fr/register.php）。

步骤2 准备签证申请材料

成功注册后，根据系统提示，您只需回答几个问题即可得到一份材料清单。

步骤3 在线预约并打印预约通知单

您可以在线选择合适的递交签证申请的时间，并请打印您的预约通知单。

请注意如果您未按预约申请，您的个人注册信息将在预约当天自动删除。如想进行新的预约，需要重新注册。

步骤4 来中智签证法国受理中心递交材料

请携带好您的预约通知单、签证申请所需材料及护照准时来到中智签证法国受理中心，以避免不必要的等候。您可以选择由代理人递交您的签证申请。代理人必须提供：由申请人亲笔签字的、信息完整且无误的委托书（委托书下载网址：https://cn.tlscontact.com/cnBJS2fr/upload/letter_of_authorization_cn.pdf），代理人身份证原件和复印件。注意：申请者应按预约时间准时到达递交材料，不按时到达的申请者将不能递交并需要重新预约。

步骤5 递交材料

工作人员会检查您准备的材料是否完整以及是否符合法国驻华使馆的要求。在申请材料不完整的情况下，您可以在中心内补充已提供文件的复印件，或直接递交申请（拒签可能性较大）。

若您不希望提交材料不完整的申请，您可以在三天之内用同一个TLS contact账号登录我们的网站并重新预约。

步骤6 交纳签证费及签证服务费

您可于签证中心以现金或刷卡（仅限中国银联）的方式支付签证费及签证服务费。

步骤7 查询申请进程

您可以随时登录中智签证网站（网址：https://cn.tlscontact.com/cnBJS2fr/register.php）并通过您的个人页面查询签证申请进程。

步骤8 领取护照

当您的护照返回到中智签证法国受理中心后，工作人员会以短信形式通知您前来领取。领取护照时请您携带您的身份证原件、复印件及申请表校对单。如由他人代领，需要提供申请者的身份证复印件、申请表校对单和委托书，以及代领人的身份证原件和复印件。

❸ 预约和受理周期

申请者最早可提前90天（以计划到达申根地区的日期为准）递交签证申请。建议尽早安排申请。法国驻华使领馆致力于缩短签证受理中心的预约周期，申请者一般可获得第二个工作日的预约，但高峰期略有不同。

签证受理周期（从申请材料由签证受理中心转至使领馆起计算）也会因签证类型而有所不同：

*短期签证：在签证申请材料完整、符合清单要求且不需要额外审查的情况下，原则上领馆受理时间为24小时（一个工作日）。法国使领馆致力于在全年乃至高峰期，保证这个受理时间不受影响。

*长期签证（不包括OFII长期家庭团聚签证）：10个工作日左右。

*OFII长期家庭团聚签证：需等到使领馆收到法国警

011

察局的回复。

注意： 以上签证受理周期仅供参考，实际周期有可能因为申请总量、需要补充其他材料或者申请者的国籍而有所不同。

❹ 申请法国签证时经常遇到的问题解答

Q1 什么情况下需要申请签证？

所有进入法国领土或在法国停留的外籍人士均需持有效法国入境和居住签证。符合免签规定的除外。如需了解您的情况应该申请哪类签证（A类、C类或D类），请浏览以下网页：https://cn.tlscontact.com/cn2fr/log。

Q2 我该去哪里递交签证申请？

根据2008年11月13日实施的第2008-1176号法令，法国各使领馆只能向居住在其领事辖区内的外籍人士颁发签证。在中国，您需要向主管领事辖区递交申请。

Q3 我可否在非所属辖区的领事馆申请签证（如我在上海生活，我到北京申请签证）？

不可以，除非有意外原因或十分紧迫的原因。

Q4 有了申根签证可以去哪些国家？

申根签证持有人可以进入所有申根国家，并在申根区内自由流动。目前申根国家包括：德国、奥地利、比利时、丹麦、西班牙、爱沙尼亚、芬兰、法国、希腊、匈牙利、冰岛、意大利、拉脱维亚、列支敦士登、立陶宛、卢森堡、马耳他、挪威、荷兰、波兰、葡萄牙、斯洛伐克、斯洛文尼亚、瑞典、瑞士、捷克共和国。

重要提示： 您旅行的主要目的地国家是法国方可向法国使领馆申请签证。如果您的旅行目的是工作与旅游兼顾，则向工作地国家使领馆申请签证；如果旅行目的相同（**注：** 即前往国家都是工作目的或都是旅游目的），则向停留时间长的国家申请签证；在停留时间相同的情况下，向第一个入境的国家申请签证。

Q5 申办签证需要多长时间？

申办不同类别的签证所需时间也不尽相同。30天以内的短期签证，包括去法国海外省和海外领地，办理时间最多两个星期。对一些需要审核和专门咨询的签证，办理时间会长一些。

Q6 家庭雇员赴法

提请法国侨民注意，如需携外籍家庭雇员赴法90天以内须办理专门手续。

1、雇主在为其家庭雇员递交签证申请之前，须向法国的地区劳工局（DIRECCTE）申请临时工作许可（向入境法国后的第一个地方申请）。可通过互联网办理此项手续（八天内获答复）。

2、雇员须提交以下材料方可获得签证：
由雇主填写的地区劳工局第CERFA13647*02号表格；
雇主出具的承担在法期间费用担保书；
向社会保险与家庭补助金征收联合会（URSSAF）缴纳的雇主分摊金支付证明；
在法停留期间和回国时的医疗保险。

3、这一手续出自现行劳动法（第R.34-1-1条）和社会保障法（第R.312-4条）的规定，适用于所有法国雇主和外国雇主：所有受薪人员均需获得省/区劳工局的工作许可。

雇主应在预定启程日期之前办好上述手续（整个过程需要4至6周）。

Q7 未成年人单独旅行或由父母一方陪同旅行须获得双亲授权委托书

如未成年人不与父母一起旅行，须获得其父母准许出境的授权委托书。

该授权委托书应由公证处公证、中国外交部领事部门认证，附法文或英文翻译件，并附孩子的出生证以核实家庭关系（原件退还）。

父母或监护人授权委托书应注明在法停留期限和地址，并由父母或承担父母责任者签字（附父母身份证复印件）。

Q8 返回中国日期凭证

使馆各领事部可以要求签证持有人亲临签证处，出示返回中国的确切日期凭证。

本人不到场或缺少凭证，领事部在受理其新的签证申请时会考虑上述因素。

Q9 怎样看懂申根签证？

您可以点击以下链接https://cn.tlscontact.com/cnBJS2fr/help.php?id=read_visa_sticker_content，查看申根签证的详细描述。

Q10 我要办一本新护照，旧护照上的有效期内签证是否仍然适用？

适用，须将新旧护照订在一起使用，旧护照上的签证仍然有效。

Q11 您的居留证已经到期

领事部不具备更新到期居留证的权限。该权限归属您在法国居住地所属的警察局。因此，您去法国以外的地方旅行之前，应先等待取得新的居留证。

Q12 您有效期内的居留证件在中国遗失或被窃

如果您所在地区是上海或成都，您需要去所属领事馆窗口办理。如果您不在上述地区，您需要通过TLS contact预约去领事馆的时间，以下为预约电话：4000670580。

您需要准备材料：一份详尽填写并由本人签字的长期签证申请表；二张近期彩色白底证件照片（35mm×45mm）。

在任何情况下，签证处都须向行政部门申请颁发长期居留证的许可，这一手续需要数个星期的时间。

Q13 获得留学签证需要办理什么手续？

年满18岁，希望到法国继续接受高等教育的学生可与法国教育服务中心联系（网址：http://www.chine.campusfrance.org/zh-hans/），中心会告知办理留学签证的流程。

希望赴法就读小学和中学的未成年学生，应在签证申请材料中附上接收机构的通知书和该学生在法全部费用来源的证明文件。如果未成年学生的父母不在法国居住，法国领事部门只有在特殊情况下，经法定手续审核后才颁发签证，准其赴法就读。

Q14 我希望到法国做互惠生，是否需要办理专门签证？

请您在中智法签的网站上查看有关互惠生签证的详细信息。

Q15 怎样办理去法国家庭团聚的手续？

仅限于在法国合法居住的外籍人士（以下称申请人）为其配偶和未满18岁的孩子（以下称受益人）申办家庭团聚手续。

申请材料应由居住在法国的外籍人士向其居住地的行政主管机构（l'autorité préfectorale）递交。因此，您需要在法国查询您居住地所主管机构的地址。由该机构与领事部门审核申请材料。审核过程一般需要数个月。

如果行政主管机构准予团聚申请，会将决定告知以下人员：申请人；法国驻受益人所在国的使领馆。

领事部门根据申请人向法国行政主管机构提供的地址向受益人邮寄通知。因此，申请人务必向法国行政主管机构提供确切、可靠的邮寄地址，用中文书写，并附上中国受益人的电话号码，以防邮寄困难。这很重要。

申请人在接到法国移民与融入局（OFII）的通知后已经了解这一进展，因此，没有必要在此期间与领事部门联系。

Q16 拒签与申诉

1.拒签

根据法国法律规定，领事部门仅向《外国人入境、居留和避难法》中规定的签证类别申请人告知拒签原因：http://www.diplomatie.gouv.fr/fr/IMG/pdf/Code_entr_e_s_jour2.pdf。

根据欧盟法律规定，从2011年4月5日起，根据欧盟签证法典的规定，短期申根签证拒签原因也将告知申请人，并在拒签通知中向申请者说明申诉方式。

2.申诉

应该向您所在领事辖区的总领事提出申诉，无需写总领事的姓名。

应确切写明您申诉的是哪个签证申请：申请人身份（与护照显示相同的姓、名、出生日期）；递签凭证：收到申请材料后领事部门发给每位申请人的收据（或复印件）。

应按照以下要求提出申诉：动机（说明质疑拒签的原因）；用法文撰写；由申诉人签字。

没有专门的申诉表格。可以将申诉材料用附件发到领事部门的电子邮箱，在主题一栏注明"签证申诉"（Recours gracieux visa）：

北京:info-consulat.pekin-amba@diplomatie.gouv.fr

上海:info.shanghai-fslt@diplomatie.gouv.fr

广州:admin-francais.canton-fslt@diplomatie.gouv.fr

武汉:info@consulfrance-wuhan.org

成都:admin-francais.chengdu-fslt@diplomatie.gouv.fr

沈阳:info.shenyang-fslt@diplomatie.gouv.fr

如果总领事不回复申诉要求，则说明总领事维持其属下的拒签决定。您被拒签后，可以向"反对拒签决定上诉委员会"提出申诉。地址:Secrétariat général de la CRRV BP83.609-44036 NANTES CEDEX FRANCE。您应提供下列准确信息，以便"反对拒签决定上诉委员会"审核:您的身份，即与护照显示相同的姓、名、出生日期；拒绝给您颁发签证的领事馆；递签收据号码和日期（证明申请材料已切实递交）。

附: 申根签证申请表

This application form should be filled out in English
此表格必须以英文填写

Schengen Visa Application form
申根签证申请表

This application form is free
此表格免费

PHOTO
照片

1. Surname (Family name) (x) 姓氏	For official use only 签证机关专用
2. Surname at birth (Former family name (s) (x) 出生时姓氏	Date of application:
3. First name (s) (Given name (s) (x) 名字	Visa application number:

4. Date of birth (day-month-year) 出生日期(日-月-年)	5. Place of birth / 出生地	7. Current nationality / 现国籍	Application lodged at □ Embassy/Consulate □ CAC □ Service provider □ Commercial intermediary
	6. Country of birth / 出生国	Nationality at birth, if different: 出生时国籍，如不同	

8. Sex / 性别 □ Male / 男 □ Female / 女	9. Marital status / 婚姻状况 □ Single / 未婚 □ Married / 已婚 □ Separated / 分居 □ Divorced / 离婚 □ Widow (er) / 丧偶 □ Other / 其它	Border Name: □ Other

10. In the case of minors: Surname, first name, address (if different from applicant's) and nationality of parental authority / legal guardian / 未成年人士须填上合法监护人的姓名、地址(如与申请人不同)、及国籍	File handled by:

11. National identity number, where applicable 国民身份证号码，如适用	Supporting documents: □ Travel document
12. Type of travel document 护照种类: □ Ordinary passport / 普通护照 □ Diplomatic passport / 外交护照 □ Service passport / 公务护照 □ Official passport / 官员护照 □ Special passport / 特殊护照 □ Other (please specify) / 其它旅行证件(请注明):	□ Means of subsistence □ Invitation □ Means of transport □ TMI □ Other:

13. Number of travel document 旅行证件编号	14. Date of issue 签发日期	15. Valid until 有效期至	16. Issued by 签发机关	

17. Applicant's home address and e-mail address 申请人地址及电邮	Telephone number(s) 电话号码	Visa decision: □ Refused □ Issued □ A

18. Residence in a country other than the country of current nationality 是否居住在现时国籍以外的国家 □ No 否 □ Yes. Residence permit or equivalent .... No .... Valid until .... 是。 居留证 编号 有效期至	□ C □ LTV

*19. Current occupation
现职业

*20. Employer and employer's address and telephone number. For students, name and address of educational establishment. 工作单位名称，地址和电话，学生填写学校名称及地址	□ Valid From .... Until ....

21. Main purpose(s) of the journey: 旅程主要目的 □ Tourism / 旅游 □ Business / 商务 □ Visiting Family or Friends / 探亲访友 □ Cultural / 文化 □ Sports / 体育 □ Official visit / 官方访问 □ Medical reasons / 医疗 □ Study / 升学 □ Transit / 过境 □ Airport transit / 机场过境 □ Other (please specify) / 其它(请注明)	Number of entries: □ 1 □ 2 □ Multiples Number of days:

(x) Fields 1-3 shall be filled in accordance with the data in the travel document
字段1-3须依据旅行证件上相关资料

014

附：申根签证申请表

22. Member State (s) of destination / 目的地之申根国	23. Member State of first entry / 最先抵达的申根国	
24. Number of entries requested 申请入境次数 ☐ Single entry / 一次　　　☐ Multiple entries / 多次 ☐ Two entries / 两次	25. Duration of the intended stay or transit Indicate number of days 预计逗留或过境日数	

The fields marked with * shall not be filled by family members of EU, EEA or CH citizens (spouse, child or dependent ascendant) while exercising their right to free movement. Family members of EU, EEA or CH citizens shall present documents to prove this relationship and fill in fields No 34 and 35.
欧盟、欧洲经济区或瑞士公民的家庭成员(配偶、子女或赡养的老人)行使其自由往来的权利，不必回答带*的问题，欧盟、欧洲经济区或瑞士公民的家庭成员必须根据字段 34 及 35 的数据提交证明其亲属关系的文件。

26. Schengen visas issued during the past three years / 过往三年获批的申根签证	
☐ No / 没有	
☐ Yes. Date (s) of validity from .... to .... 　有。　　　　　有效期由　　　　　　　　　　　　　　至	
27. Fingerprints collected previously for the purpose of applying for a Schengen visa 以往申请申根签证有否指纹纪录	
☐ No / 没有　　　☐ Yes 有 .... Date, if known / 日期，如知道	
28. Entry permit for the final country of destination, where applicable 最后目的地之入境许可	
Issued by ....　Valid from ....until .... 　　签发机关　　　　　　　　有效日期由　　　　　　至	
29. Intended date of arrival in the Schengen area 预定入境申根国日期	30. Intended date of departure from the Schengen area 预定离开申根国日期

*31. Surname and first name of the inviting person (s) in the Member State (s). If not applicable, name of hotel (s) or temporary accommodation (s) in the Member States (s) 申根国的邀请人姓名。如不适用，请填写申根国的酒店或暂住居所名称	
Address and e-mail address of inviting person (s) / hotel (s) / temporary accommodation (s) 邀请人/酒店/暂住居所的地址及电邮	Telephone and telefax 电话 及 传真
*32. Name and address of inviting company / organization 提出邀请的公司或机构名称及地址	Telephone and telefax of company / organisation 公司或机构的电话及传真
Surname, first name, address, telephone, telefax, and e-mail address of contact person in company / organisation 该公司/机构的联系人姓名、地址、电话、传真及电邮	

*33. Cost of traveling and living during the applicant's stay is covered 旅费以及在国外停留期间的生活费用	
☐ by the applicant himself/herself / 由申请人支付 Means of support / 支付方式 ☐ Cash / 现金 ☐ Traveller's cheques / 旅行支票 ☐ Credit card / 信用卡 ☐ Prepaid accommodation / 预缴住宿 ☐ Prepaid transport / 预缴交通 ☐ Other (please specify) / 其它(请注明)	☐ by a sponsor (host, company, organisation), please Specify / 由赞助人支付，请注明 　☐ referred to in field 31 or 32 / 参照字段 31 及 32 　☐ other (please specify) / 其它 (请注明) Means of support / 支付方式 ☐ Cash / 现金 ☐ Accommodation provided / 提供住宿 ☐ All expenses covered during the stay / 支付旅程期间所有开支 ☐ Prepaid transport / 预缴交通 ☐ Other (please specify) / 其它(请注明)

015

34. Personal data of the family member who is an EU, EEA or CH citizen 家庭成员为欧盟、欧洲经济区或瑞士公民，请填上其个人资料		
Surname 姓氏		First name(s) 名字
Date of birth / 出生日期	Nationality / 国籍	Number of travel document or ID card 旅行证件或身分证编码

35. Family relationship with an EU, EEA or CH citizen 申请人与欧盟、欧洲经济区或瑞士公民的关系

☐ spouse　　☐ child ....　　☐ grandchild　　☐ dependent ascendant
　配偶　　　　子女　　　　　　　　　孙儿女　　　　　受养人

36. Place and date / 地区 及 日期	37. Signature (for minors, signature of parental authority/legal guardian) 签署（未成年人由其监护人代签）

I am aware that the visa fee is not refunded if the visa is refused / 本人知道即使签证被拒比不能退还签证费

Applicable in case a multiple-entry visa is applied for (cf. field No24): / 适用于申请多次入境签证（参照字段 24）
I am aware of the need to have an adequate travel medical insurance for my first stay and any subsequent visits to the territory of Member Status.
本人知道须预备有足够保额的旅游医疗保险作为首次及其后各次出发到申根国家领域之用

I am aware of and consent to the following: the collection of the data required by this application form and the taking of my photograph and, if applicable, the taking of fingerprints, are mandatory for the examination of the visa application; and any personal data concerning me which appear on the visa application form, as well as my fingerprints and my photograph will be supplied to the relevant authorities of the Member States and processed by those authorities, for the purposes of a decision on my visa application.

Such data as well as data concerning the decision taken on my application or a decision whether to annul, revoke or extend a visa issued will be entered into, and stored in the Visa Information System (VIS) (1) for a maximum period of five years, during which it will be accessible to the visa authorities and the authorities competent for carrying out checks on visas at external borders and within the Member States, immigration and asylum authorities in the Member States for the purposes of verifying whether the conditions for the legal entry into, stay and residence on the territory of the Member States are fulfilled, of identifying persons who do not or who no longer fulfill these conditions, of examining an asylum application and of determining responsibility for such examination. Under certain conditions the data will be also available to designated authorities of the Member States and to Europol for the purpose of the prevention, detection and investigation of terrorist offences and of other serious criminal offences. The authority of the Member State responsible for processing the data is: *Commission Nationale de l'Informatique et des Libertés – 8, rue Vivienne – 75083 PARIS cedex 02*

I am aware that I have the right to obtain in any of the Member States notification of the data relating to me recorded in the VIS and of the Member State which transmitted the data, and to request that data relating to me which are inaccurate be corrected and that data relating to me processing unlawfully be deleted. At my express request, the authority examining my application will inform me of the manner in which I may exercise my right to check the personal data concerning me and have them corrected or deleted, including the related remedies according to the national law of the State concerned. The national supervisory authority of that Member State *(Commission Nationale de l'Informatique et des Libertés – 8, rue Vivienne – 75083 PARIS cedex 02)* will hear claims concerning the protection of personal data.

I declare that to the best of my knowledge all particulars supplied by me are corrected and completed. I am aware that any false statements will lead to my application being rejected or to the annulment of a visa already granted and may also render me liable to prosecution under the law of the Member State which deals with the application.

I undertake to leave the territory of the Member States before the expiry of the visa, if granted. I have been informed that possession of a visa is only one of the prerequisites for entry into the European territory of the Member States. The mere fact that a visa has been granted to me does not mean that I will be entitled to compensation if I fail to comply with the relevant provisions of Article 5(1) of Regulation (EC) No 562/2006 (Schengen Borders Code) and I am therefore refused entry. The prerequisites for entry will be checked again on entry into the European territory of the Member States.

我知道并同意以下条款：必须提供本签证申请表上所收集的数据，包括我的照片、以及指纹样本，用作核实我的签证申请。本签证申请表上关于我的任何个人资料，包括我的照片、以及指纹样本，将被递交给有关申根国家的相应机构，以便用于审核我的签证申请。
此数据将会连同有关申请的批核决定以及废除、取消或延长已发签证的决定，一并输入在签证信息系统（VIS）(1)并储存最长五年，其间各签证部门、于各申根国家边境以及境内执行签证检查的法定部门、各申根国家的移民局以及难民部门都有权使用有关数据，为审查该人士是否符合资格合法进入、逗留、或居住于申根国境，作为识别不符合或不再符合资格的人士，以及作为审查难民申请和决定负责机关准据之用。于某些情况下，该数据将被开放予各申根国家的特定部门以及欧盟警察组织，作为预防、侦查和研究恐怖袭击及其它严重罪案。负责处理数据的申根国部门是：法国国家信息和自主权委员会 — *8, rue Vivienne – 75083 PARIS cedex 02.*
当我的数据被错误更改以及该数据不被合法地删除，我知道自己有权向输入本人数据至签证信息系统、传输有关的数据、或要求取得有我的资料的申根国家取得通知。如我明确请求，对我的申请进行审核的使领馆会通知我，以何种方式可以行使核查有关我的个人资料并依据有关国家 法律规定更改或消除错误数据、以及取得赔偿的权利。该申根国的国家监督部门（法国国家信息和自主权委员会 — *8, rue Vivienne – 75083 PARIS cedex 02*）将会听取以保障个人资料的要求。
我声明，就我所知，我提供的一切数据都是正确和完整的。我知道，任何虚假陈述都将导致拒绝签证或已发签证的废止，也可以根据对我的申请进行审理的申根国家的法律规定进行刑事追究。
如果签证申请被批推，我保证在签证到期前离开申根国家领土。我获悉，拥有签证只是进入欧洲申根国家领土其中的一个条件，如果没有履行欧洲共同体公约562/2006之第五条第一款规定的条件而被拒绝入境，那么仅仅拥有签证并不意味着我有权此此要求赔偿。在进入欧洲申根国家 的领土时，入境条件将被再次审查。

Place and date / 地区 及 日期	Signature (for minors, signature of parental authority/legal guardian) 签署（未成年人由其监护人代签）

(¹) In so far as the VIS is operational

附：长期居留法国签证申请表

法兰西共和国 / RÉPUBLIQUE FRANÇAISE

长期居留签证申请表 DEMANDE DE VISA POUR UN LONG SEJOUR

此表免费 Ce formulaire est gratuit

证件照 / PHOTOGRAPHIE D'IDENTITÉ

CACHET DU POSTE	EMPLACEMENT DU TALON

1. 姓 / Nom(s)

2. 出生时姓氏 / Nom(s) de famille antérieur(s)

3. 名 / Prénom(s)

4. 出生日期（日-月-年）/ Date de naissance (jour-mois-année)

5. 出生地 / Lieu de naissance

6. 出生国家 / Pays de naissance

7. 现国籍 / Nationalité actuelle

原国籍(出生时的国籍) / Nationalité à la naissance si différente

8. 性别 / Sexe
☐ 男 / Masculin   ☐ 女 / Féminin

9. 婚姻状况 / Etat civil
☐ 单身 / Célibataire ☐ 已婚 / Marié(e) ☐ 分居 / Séparé(e) ☐ 离异 / Divorcé(e) ☐ 丧偶 / Veuf(ve)
☐ 其他(请注明) / Autre (veuillez préciser)

10. 未成年人请填写姓名、地址（若不同于申请人）和父母法定监护人的国籍 / Pour les mineurs : Nom, prénom, adresse (si différente de celle du demandeur) et nationalité de l'autorité parentale/du tuteur légal

11. 本国身份证号码（若适用）/ Numéro national d'identité, le cas échéant :

12. 旅行证件类型 / Type du document de voyage
☐ 外交护照 / Passeport diplomatique
☐ 公务护照 / Passeport de service
☐ 官员护照 / Passeport officiel
☐ 特殊护照 / Passeport spécial
☐ 普通护照 / Passeport ordinaire
☐ 其他旅行证件（请注明）/ Autre document de voyage (à préciser) :

13. 旅行证件编号 / Numéro du document de voyage

14. 签发日期（日-月-年）/ Date de délivrance (jj/mm/aa)

15. 有效期至（日-月-年）/ Date d'expiration (jj/mm/aa)

16. 签发机构 / Délivré par

17. 家庭住址（号、街、城市、邮编、国家）/ Adresse du domicile (n°, rue, ville, code postal, pays)

18. 电子邮件地址 / Adresse électronique

19. 电话号码 / Numéro(s) de téléphone

20. 若居住在现时国籍以外的国家请填写 / En cas de résidence dans un pays autre que celui de la nationalité actuelle, veuillez indiquer :
居留证件号码 / Numéro du titre de séjour   签发日期 / Date de délivrance   有效期至 / Date d'expiration

21. 当前职业 / Activité professionnelle actuelle

22. 工作单位(名称、地址、电子邮件地址、电话号码) - 学生请填写学校名称和地址 / Employeur (Nom, adresse, courriel, n° téléphone) - Pour les étudiants, nom et adresse de l'établissement d'enseignement

23. 我申请签证的目的 / Je sollicite un visa pour le motif suivant :
☐ 工作 / Activité
☐ 学习 / Etudes
☐ 实习/培训 / Stage/formation
☐ 结婚 / Mariage
☐ 医疗 / Raison médicale
☐ 家庭定居 / Etablissement familial
☐ 个人定居/访问者 / Etablissement privé/Visiteur
☐ 返程签证 / Visa de retour
☐ 就任官职 / Prise de fonctions officielles
☐ 其他(请注明) / Autre (à préciser) :

24. 在法国的工作单位/接待单位/邀请方家庭成员的名称（姓名）、地址、电子邮件地址和电话号码 / Nom, adresse, courriel et n° téléphone en France de l'employeur / de l'établissement d'accueil / du membre de famille invitant,...etc

25. 您在法国居留期间的地址 / Quelle sera votre adresse en France pendant votre séjour ?

由行政机关填写 / Partie réservée à l'administration

Date d'introduction de la dema

Numéro de la demande :

Agent(s) traitant la demande :

Remarques

DECISION DU POSTE

Date :

☐ ACCORD
☐ REFUS

017

附：长期居留法国签证申请表

26. 计划抵达法国领土日期，或抵达申根地区日期（如通过其他国家转机）（日-月-年）/
Date d'entrée prévue sur le territoire de la France, ou dans l'espace Schengen en cas de transit (jour-mois-année)

27. 计划在法国领土居留时间 / Durée prévue du séjour sur le territoire de la France
☐ 3到6个月 / Entre 3 et 6 mois   ☐ 6个月到1年 / Entre 6 mois et un an   ☐ 1年以上 / Supérieure à un an

28. 若您准备与家庭成员同行，请填写 / Si vous comptez effectuer ce séjour avec des membres de votre famille, veuillez indiquer :

亲属关系 / Lien de parenté	姓名 / Nom(s), prénom(s)	出生日期（日-月-年） / Date de naissance (jj/mm/aa)	国籍 / Nationalité

29. 您在法国的生活来源 / Quels seront vos moyens d'existence en France ?

您是否将有奖学金 / Serez-vous titulaire d'une bourse ?   ☐ 是 / OUI   ☐ 否 / NON

若是，请填写奖学金发放机构的名称、地址、电子邮件地址、电话，以及奖学金金额 /
Si oui, indiquez le nom, l'adresse, le courriel, le téléphone de l'organisme et le montant de la bourse :

30. 您在法国期间，是否有人（一人或数人）承担您的费用 /
Serez-vous pris(e) en charge par une ou plusieurs personne(s) en France ?   ☐ 是 / OUI   ☐ 否 / NON

若是，请填写他们的姓名、国籍、身份、地址、电子邮件地址和电话号码 / Si oui, indiquer leur nom, nationalité, qualité, adresse, courriel et téléphone :

31. 您是否在法国有亲属 / Des membres de votre famille résident-ils en France ?   ☐ 是 / OUI   ☐ 否 / NON

若是，请填写他们的姓名、国籍、亲属关系、地址、电子邮件地址和电话号码 /
Si oui, indiquer leur nom, nationalité, lien de parenté, adresse, courriel et téléphone :

32. 您是否曾在法国连续居住三个月以上 /
Avez-vous déjà résidé plus de trois mois consécutifs en France ?   ☐ 是 / OUI   ☐ 否 / NON

若是，请填写时间和目的 / Si oui, précisez à quelle(s) date(s) et pour quel(s) motif(s)

地址 / A quelle(s) adresse(s) ?

我知道并同意，为审理我的签证申请，领收集本签证申请表中所要求的数据资料以及我的照片，若需要还会提取我的指纹。本签证申请表内关于我的个人资料，以及我的指纹和照片，将被提交给法国有关负责处理的审理，以便签证申请作出相关决定。En connaissance de cause, j'accepte ce qui suit: aux fins de l'examen de ma demande de visa, il y a lieu de recueillir les données requises dans ce formulaire, de me photographier et, le cas échéant, de prendre mes empreintes digitales. Les données à caractère personnel me concernant qui figurent dans le présent formulaire de demande de visa, ainsi que mes empreintes digitales et ma photo, seront communiquées aux autorités françaises compétentes et traitées par elles, aux fins de la décision relative à ma demande de visa.

这些数据和有关签证申请的裁决决定信息最终取消已发签证决定的信息，均输入并保存在法国VISABIO生物数据资料库，最长期限为五年。在此期间内，负责签证的机关、边境检查签证的主管机关、法国移民和难民机构和有权访问这些数据资料，以便审查该人士是否符合签证的相关条件，巡逻或追捕违法活动。在某些情况下，这些数据可以被提供给指定的法国与和欧洲刑警组织，以预防、侦测和侦查恐怖犯罪和其他严重的刑事犯罪。法国当局对有关数据资料的处理是[[…]] / Ces données ainsi que celles concernant la décision relative à ma demande de visa, ou toute décision d'annulation ou d'abrogation du visa, seront saisies et conservées dans la base française des données biométriques VISABIO pendant une période maximale de cinq ans, durant laquelle elles seront accessibles aux autorités chargées des visas, aux autorités compétentes chargées de contrôler les visas aux frontières, aux autorités nationales compétentes en matière d'immigration et d'asile aux fins de la vérification du respect des conditions d'entrée et de séjour régulier sur le territoire de la France, aux fins de l'identification des personnes qui ne remplissent pas ou plus ces conditions. Dans certaines conditions, ces données seront aussi accessibles aux autorités françaises désignées et à Europol aux fins de la prévention et de la détection des infractions terroristes et des autres infractions pénales graves, ainsi que dans la conduite des enquêtes s'y rapportant. L'autorité française est compétente pour le traitement des données [[…]].

根据1978年1月6日关于信息技术和自由的第78—17号法律，我已获悉，我有权通过法国政府获得VISABIO数据资料库记录的与我相关的信息。如果资料有误，我有权要求予以更正；只有在资料经非法处理的情况下，我才可能有权要求予以删除。如果问或更正个人数据信息，需在审查签证申请的使馆的签证处长月进行。如果个人数据的保护情况提出疑虑，可向全国信息技术和自由委员会（CNIL）提出。En application de la loi n° 78-17 du 6 janvier 1978 relative à l'informatique et aux libertés je suis informé(e) de mon droit d'obtenir auprès de l'État français communication des informations me concernant qui sont enregistrées dans la base VISABIO et de mon droit de demander que ces données soient rectifiées si elles sont erronées, ou éventuellement effacées seulement si elles ont été traitées de façon illicite. Ce droit d'accès et de rectification éventuelle s'exerce auprès du chef de poste. La Commission nationale de l'informatique et des Libertés (CNIL) peut éventuellement être saisie si j'entends contester les conditions de protection des données à caractère personnel me concernant.

我已获悉，一切不完整的资料会增加领事机关拒签的风险，而且在对我的申请进行审理期间，领事机关可保留我的护照。Je suis informé que tout dossier incomplet accroît le risque de refus de ma demande de visa par l'autorité consulaire et que celle-ci peut être amenée à conserver mon passeport pendant le délai de traitement de ma demande.

我在此声明，我我所知，我填写的一切资料是完整和准确的。我已获悉，所有错误的陈述都将导致拒签或注销进行中的签证。Je déclare qu'à ma connaissance, toutes les indications que j'ai fournies sont correctes et complètes. Je suis informé(e) que toute fausse déclaration entraînera le rejet de ma demande ou l'annulation du visa s'il a déjà été délivré, et sera susceptible d'entraîner des poursuites pénales à mon égard en application du droit français.

如果签证申请被批准，且没有获得本签证有效期内在法国留的权利，我保证在签证过期前离开法国境土。Je m'engage à quitter le territoire français avant l'expiration du visa, si celui-ci m'a été délivré, et si je n'ai pas obtenu le droit de séjourner en France au delà de cette durée.

申请地点和日期 / Lieu et date	签名 / Signature （未成年人由其父母/法定监护人代签） / (pour les mineurs, signature de l'autorité parentale/du tuteur légal)

018

❺ 法国驻华使馆信息

法国驻华大使馆

地址：北京市朝阳区天泽路60号

电话：010-85312000

签证处对外开放时间：周一至周五8:30—16:30

领区：北京、天津、河北、河南、内蒙古、山东、山西、陕西、宁夏、甘肃、青海、新疆和西藏。

法国驻上海总领事馆

地址：上海市广东路689号海通证券大厦2层

电话：021-85328080

签证处对外开放时间：周一至周五9:00—12:00,仅限于提前在签证中心得到预约的申请者

领区：上海、安徽、江苏、浙江。

法国驻广州总领事馆

地址：广州市环市东路339号广东国际大酒店主楼810室

电话：020-28292000

签证处对外开放时间：周一至周五9:30—12:00

领区：广东、广西、福建、海南。

法国驻武汉总领事馆

地址：湖北省武汉市建设大道568号武汉国际贸易商业中心1701-1708室

电话：027-65797900

签证处对外开放时间：周一至周五9:00—12:00

领区：湖北、湖南、江西。

法国驻成都总领事馆

地址：成都市总府路2号时代广场30楼3009、3010、3003A

电话：028-66666060

签证处对外开放时间：周一至周五9:00—12:00

领区：四川、重庆、云南、贵州。

法国驻沈阳总领事馆

地址：沈阳市和平区南十三纬路34号

电话：024-23190000

签证处对外开放时间：周一至周五9:00—12:00

领区：辽宁、吉林、黑龙江。

法国驻香港总领事馆

地址：香港金钟夏悫道18号海富中心第二座25-26楼

电话：852-37529900

签证处对外开放时间：周一至周五9:00—12:00递交申请，16:30—17:00领取证件

领区：香港、澳门。

❻ 中国驻法国使领馆

驻马赛总领馆

电话：0033-491320267

领区主要城市包括：马赛、尼斯、摩纳哥、阿维尼翁、蒙彼利埃、佩皮尼昂、图卢兹、阿雅克修等。

驻法国使馆领事部

电话：0033-615742537（手机），0033-153758840（座机和传真）

电邮：lingbao@amb-chine.fr

地址：20,rue Washington,75008 Paris（巴黎第八区华盛顿街20号）

交通路线：乘坐地铁1号线在乔治五站(Station George V)下车，从香榭丽舍大街出口（Sortie Avenue Champs Elysées）出站后向协和广场方向前行20米即可进入华盛顿街，再前行150米即到领事部。

办公时间：周一至周五（节假日除外）

上午：09:30—12:00 下午：14:30—17:00

注：办公时间全天取件（周四下午除外）

领区主要城市包括：巴黎、雷恩、鲁昂、里尔、第戎、图尔、南特、利摩日、波尔多等。

驻斯特拉斯堡总领馆

电话：0033-388453222

领区主要城市包括：斯特拉斯堡、梅斯、香槟沙隆、贝桑松等。

驻里昂总领馆

电话：0033-437248307

领区主要城市包括：里昂、克莱蒙费朗、格勒诺布尔、安纳西等。

❼ 在法国需要注意的旅行生活常识

气候

3月至5月是法国的春季，法国的春天非常美丽，高山上还是白雪皑皑，山脚下和城市却已是春风荡漾了。春天旅游时一定要带好雨伞和防寒衣服，另外此时非常适合户外旅行，最好选择舒适的旅游鞋。6月至8月为夏

季，夏季的法国气候温和，很适合旅游。夏季最适合旅游的地方是地中海周边，不过要准备好墨镜、防晒霜，以免被强烈的阳光灼伤。9月上旬至11月为秋季，秋季的法国凉爽宜人，早晚温差较大，因此要注意保暖。11月至次年2月是冬季，冬季的法国经常会被白雪覆盖着，虽然有些寒冷，却别有一番风味，一定要穿得厚实一些，防止生病。

货币兑换

法国通行的货币是欧元，人民币在法国不属于流通货币，不能自由兑换。在法国的机场和主要的火车站均设有外汇

法国购物退税

退税条件	1）当非欧盟国家国籍的游客在欧盟境内旅游时，购买的商品达到一定的价格总量，并将商品带出欧盟，就有权申请退税。 欧盟成员国：奥地利，比利时，塞浦路斯，捷克，丹麦，爱沙尼亚，芬兰，法国，德国，希腊，匈牙利，爱尔兰，意大利，拉脱维亚，立陶宛，卢森堡，马耳他，荷兰，波兰，葡萄牙，罗马尼亚，斯洛伐克，斯洛文尼亚，西班牙，瑞典和英国。 2）退税资格 欧洲各国对于退税都设有一个价格额度，在法国最低消费（包含TVA增值税）为175.01欧元，增值税率一般是16.38%，退款是增值税额扣除管理费，大约为12%。法国海关确认法国退税单的最长期限是三个月。 3）退税消费标识 在挂有"Tax Free Shopping"、"Tax Refund"或"Euro Free Tax"等退税标识的商店里购买商品，才可以享受退税服务。 4）申请退税 顾客需要向店家索要一式三份的退税单（Tax Free Cheque）和退税单所对应公司的信封。填好表格后，一份由商家保存，另外两份则由消费者出境时连同商品一并出示给海关人员。海关人员会给退税单盖章，其中一份装入信封邮寄回退税公司，第三份由顾客自己保留。
退税方式	1）现金退税 现金退税的优点是可以在办理退税的机场直接拿到退税款的现金，缺点则是需要排队。所以建议大家尽早办理check in，拿到登机牌之后马上到退税窗口排队。 注意：在巴黎戴高乐机场退税时，在退税窗口的旁边就是兑换退税款现金的兑换窗口。所以您盖完章之后就可以立马领取到退税款。 2）信用卡退税 信用卡退税的退税比率会比现金退税高一些，但是要在回国后两个月左右退税款才能到账。 选择信用卡退税时，消费信用卡和退税信用卡不必是同一张卡，您选择在哪张卡上退税就在退税单上填写哪张卡的卡号。 选择双币卡或者国际信用卡会更加划算，因为在欧洲消费退税所得的税款以欧元结算。
机场退税流程	在离境时，需要出示所购商品、收据发票及护照，还有加盖法国退税章的法国退税单。 注意：在您购物填写退税单的时候，请务必确认商品收据发票和退税单上的价格、购买时间是一致的，以免因为单据上面的不一致导致不能退税。 1）托运行李退税 托运行李退税的流程为将所购物品全部放在大行李中check in，跟柜台工作人员说明哪件是存有需要退税物品的行李。之后把行李拿到海关专门的退税柜台，并把所有的购物单据，包括在商场填写的退税单和本人护照交给柜台查验盖章，海关人员还会对行李进行开箱抽检。 2）手提行李退税 手提行李退税的流程是旅客把所需退税的商品集中在一个购物袋中，在check in之后把手提行李拿到海关专门的退税柜台，并把所有的购物单据包括在商场填写的退税单和本人护照交给柜台查验盖章。盖完章之后，现金退税的旅客可以直接在退税公司的柜台排队领取退税款。 注意：离境退税时，您退税商品的购买时间必须在三个月以内（不包括购物当月），法国退税单必须在购物六个月内寄回。比如您在1月1日购买商品，您携商品离境的有效期不得超过4月30日，法国退税单的返回期最晚不得晚于7月1日。

法国推荐

法国购物退税

退税中的常见问题

1）如何填写退税申请表？
购物时向零售商索要退税申请表。表格共有两种颜色，分别为蓝色和白色。请使用拉丁字母，并用大写填写所有必填项：
填写您的护照号码。
填写您的全名（名字及姓氏）。
填写您的完整地址。
填写您所居住的城市及城市邮编。
填写您的国别。
填写您的电子邮箱。此方式能简化您与环球蓝联的沟通。
请记得在表格上签字。请在您到达机场前正确填妥您的个人信息。

2）如何获得海关盖章/货物出关验证？
请携带所购物品、收据和护照前往海关服务柜台（Customs desk），请他们在您的退税申请表（Tax Free Form）上盖章。请确保您购买的商品尚未使用。请不要将您购买的商品打包到托运行李中，因您需要向海关工作人员出示它们。请您在飞机起飞前预留充裕时间来办理退税手续。无海关盖章等于无退税。

3）如果通过另一欧盟成员国转机之后离境欧盟，如何办理出关验证手续？
如果您要继续前往另一个欧盟国家旅游或者转机，您只需在离开欧盟最后一个国家时，请海关工作人员在您的退税申请表上盖章。离开第一个欧盟国家时无法取得海关签章。比如您从巴黎戴高乐机场回国，但需要从德国境内转机，您需要在德国办理退税。

4）回国后的退税金返还：如果在海关退税柜台盖章后，未能及时在当地机场办理现金或信用卡退税，回国后还能补救吗？
如果因为急着赶飞机或者航班在深夜或凌晨起飞，退税公司的柜台没有营业，Global Blue在北京、上海、广州和香港设有现金退税点，只要保留在欧洲消费的单据和Global Blue公司的退税单，就可以到国内的退税点进行现金退税。

兑换处，营业时间一般为6:00-22:00。另外也可在银行兑换欧元，银行一般营业时间为8:30-13:00、14:30-16:00，周六、周日全天休息。

时差

法国和中国之间的时差是：冬季7个小时（10月底至次年3月底），夏季6个小时（3月底至10月底）。因此，当法国还是中午的时候，中国已经是晚上6点（夏季）或7点（冬季）了。什么时候调表呢？夏季时间在三月最后一个星期日把表拨快一个小时，冬季时间在十月最后一个星期日把表拨慢一个小时。

小费

法国几乎所有餐厅都已将税及15%的服务费包括在菜单内。若某间餐厅的食物或服务特别好，客人一般会多付2~5欧元的小费。在酒店，每件行李得付行李员及女服务员2欧元左右的小费。在游览后，游客也应给导游及司机适当的小费。

通讯

国内的手机在法国可以使用，不过必须支付高昂的漫游费。想要和国内联系，需要先拨0086，然后再加上地区号和电话号码即可。法国的酒店房间内拨打电话通常较为昂贵，游客可以购买欧洲通用的电话卡，它的使用方法和IP电话卡的一样，价格比直接拨打要经济得多。

插头

中国的电器一般带到法国都可以直接使用，因为法国的额定电压也是220伏，不同的是法国一般用的是圆形的双叉插头，我们建议您赴法旅游前到商店买一个国际标注的转换插头，当然也可以直接在网上购买，一般卖20元左右。

邮政

法国的邮政局都有La Poste的标志，开放时间为8:00-19:00，周末8:00-12:00。除了一般服务外，主要的邮政局可以接受或发出国际邮政汇票，并且提供传真、电报及硬币与电话卡服务。在巴黎，位于52 rue de Louvre的邮政总局是每天24小时办公的。您也可在咖啡

座、酒店及某些报摊购得邮票。

8 防小偷劫匪攻略

巴黎是西欧的政治、经济、文化中心，而且还是一座繁华而美丽的世界名城和旅游胜地，每天吸引无数来自各大洲的宾客与游人。巴黎在吸引各国游客的同时也引来了窃贼的光临，喜欢携带现金的中国游客成为他们的主要目标。愤怒的游客以及巴黎人纷纷在社交网站上发布警告："每年8月巴黎人外出度假已经开始，第七区空了，只剩下乞丐、扒手……和游客。"请注意法国最新的扒窃技术：小偷假扮残疾人，请你在地铁上让座，就在你忙不迭地让座时，迅速偷走你的财物。扒手"喜爱"中国游客的原因是：中国游客更信任现金而不是信用卡。为了旅游的财产安全及心情，请注意以下建议：

1、每天根据旅行计划只带适量现金，还应分散在不同的衣袋里。

2、尽量多用银行卡，每人身上带1到2张不同银行的信用卡，丢失后及时挂失，信用卡复印件放在箱子里。

3、身上只带护照、保险卡的复印件，原件最好保存在旅馆保险箱等安全场所。汽车后备箱并不安全，经常发生被撬事件。一旦证件丢失，可以在附近垃圾箱寻找，同时尽快去附近警察局报案，然后再去中国使领馆补回来。

4、尽量不背小包，因为小包太容易被偷被抢。行李不太多时，可由一个人专门背包或拿行李，另外一个人做护卫。人多的地方，两人一前一后走。

5、不要使用折页的大地图，不要穿短裤，因为巴黎人认为短裤只是度假服装。

6、在戴高乐机场去巴黎市中心的快线列车上，往往是偷盗抢劫高发地带，最好不要让行李离开视线。同样，往返于戴高乐机场到市中心的高速公路上，因为堵车缘故，游客们也成为摩托党劫匪的目标。堵车的巴黎环城公路，同样是摩托党们觊觎的重灾区。后车窗内及车内显眼处，不要有任何财物出现，才是最安全的自保措施。

7、游览旅游景区时，不要搭理任何主动搭讪或者求助的陌生人，有些乞讨者或假装残疾的人要求游客签名做慈善，然后游客就得给钱，否则会遭到人身威胁。在香榭丽舍大街或者老佛爷百货等地不要答应给陌生的中国人买LV包，逃税算违法不说，去海关退税也会有麻烦。在蒙马特高地不要搭理往手上套圈的黑人，同样有危险。巴黎春天百货、老佛爷百货、卢浮宫、埃菲尔铁塔、凡尔赛宫、枫丹白露、红磨坊附近都是偷窃事件的高发区。公众场合不要大声喧哗，以免引来窃贼的注意力。

8、咖啡馆是小偷集中的地方，比如巴黎歌剧院附近的和平咖啡馆、星巴克咖啡馆等，有时候服务员会提醒，但稍一放松就会中招。

9、很多来法国的游客都有在地铁上被偷或被抢手机的惨痛教训。乘地铁时车票不要和钱包放在一起。最好不要玩手机或iPad，不听音乐，尽量不要坐在靠近地铁门的座位上，一旦地铁进站或离站时，一定要特别小心，小偷往往是趁关门瞬间抢了就跑。地铁上偷东西的吉普赛小孩很多，看到立即远离。在巴黎某些地铁线上，阿拉伯人或者非洲人比较多，其中有些人比较危险，尽量不要招惹，不跟他们对视。在地铁站等车时，不要靠近站台边太近，以免被人挤下去。

10、住宿吃饭应该选择安全区域。最好不要夜间出行。

11、在国外遇到小偷，千万别软弱。可以大声斥责他们，别管他们听得懂还是听不懂，这样可以引起周边人的注意，以此震慑他们。

12、如遇盗抢，请向就近的警察局报案，报警电话:17。但在法国报案需时较长，需有一定的心理准备；如丢失信用卡或银行卡，请尽快挂失；如丢失证件，请尽快联系中国驻当地使馆、领馆补办。中国驻法使馆领事保护求助电话：（0033）153758840或（0033）615742537。需要特别注意的是，巴黎、马赛和尼斯等大城市是旅游风险较高的重点地区，而在法国的外省各中小城市，治安问题远远没有上述地区严重，游客可以

放心地游玩。

9 其他提醒

1、游客来法前请购买旅行保险，以减少在法遭遇意外后的经济损失。

2、在法国，除少数旅游区外，商店周日不营业，银行周六、周日不营业，警察局、医院急诊室24小时有人值班。

3、除旅游区、大商场外，讲英语的当地人不多，如遇问题，可向年轻大学生问询。

4、在机场、火车站、地铁站等公共场所请加倍提高警惕，做好防范措施，不同陌生人搭话，时刻留意随身物品。

5、妥善保管好护照等重要证件并备好复印件。

6、离开酒店等住处时，应妥善保管贵重物品。

7、避免夜间独自外出，尽量在人多的街道上行走，不去不健康的酒吧或俱乐部等娱乐场所。

10 住宿

法国的酒店均不提供牙刷、牙膏、拖鞋等用品，游客需自备。有部分酒店会提供沐浴液、护发素和护肤液等洗浴用品，可以向酒店前台询问。另外，法国的自来水可以直接饮用，因此酒店内不提供热水，需要热水必须自己烧。电吹风等电器也需要自备。洗澡时注意不要将水弄到地板上，否则可能会被酒店要求索赔。法国的电压大多为220伏，不过插头是两相圆孔，需要电源转换插头。

11 常用电话、实用网站

急救中心：15
紧急报警：17
消防车：18
SOS巴黎医生急救：01 47077777
中国驻法国大使馆：0033-153758840
巴黎市警察局：http://www.prefecturedepolice.interieur.gouv.fr/
巴黎机场：http://www.aeroportsdeparis.fr/ADP/fr-FR/Passagers/Accueil/
法航：http://www.airfrance.com.cn
法国国营铁路公司：http://www.voyages-sncf.com

12 语言

法语为法国的官方语言，大部分城市也可以使用英语，在阿尔萨斯地区可以使用德语。

C 速度行法国！
FRANCE HOW

1 飞机

国际航线大部分由戴高乐机场起降，中国北京、上海、广州、香港都有直飞戴高乐机场的航班；而法国国内航线、近距离航线及廉价航空公司的航班则通常使用奥利机场。中国与巴黎之间的航班主要在戴高乐机场。当您需要在巴黎转机时，需确认前后航班是否在同一机场。网址：www.adp.fr。电话：3950（法国本地呼叫0.34欧元/分钟）或01 70363950（外国呼叫电话）

一、巴黎夏尔·戴高乐机场

（行李寄存：每日6:00—21:30，2号航站楼）

◆公交Roissy线：巴黎—CDG：5:45—23:00 CDG—巴黎：6:00—23:00，每15—30分钟一班，歌剧院首发（Scribe街及Auber街交叉处，巴黎9区）。网址：www.ratp.fr。电话：3246（0.34欧元/分钟）。

◆巴黎地区捷运线B线：戴高乐机场—Denfert-Rochereau站：4:51—23:51，Denfert-Rochereau站—戴高乐机场站：5:18—凌晨0:04，每10—15分钟一班。途经主要站点：Gare du Nord站（巴黎10区）、Châtelet—Les Halles站（巴黎1区）、Saint Michel—Notre Dame站（巴黎5区）、Denfert—Rochereau站（巴黎14区）。可换乘地铁。网上查询：www.ratp.fr。电话：3246（0.34欧元/分钟）。

◆法航机场班车：每30分钟一班。戴高乐机场—马约门Porte Maillot—Étoile和Étoile—马约门Porte Maillot—戴高乐机场：5:45—23:00。戴高乐机场—里昂火车站Gare de Lyon—蒙巴纳斯Montparnasse：6:00—22:00。蒙巴纳斯Montparnasse—里昂火车站Gare de Lyon—戴高乐机场：6:00—22:30。奥利机场—戴高乐机场：6:30—22:30。戴高乐机场—奥利机场：5:55—22:30。

网上查询：www.lescarsairfrance.com。电话：0892 350 820（0.34欧元/分钟）。

◆出租车：根据乘车时段、具体日期、交通状况、目的地等的不同，车费在45到50欧元之间不等。

戴高乐机场至奥利机场交通

乘坐Air France法航大巴：在机场1号航站楼34号口、2号航站楼乘坐3路法航大巴（从3号航站楼先乘坐CDGVAL至1号航站楼）。周一至周五：6:20—22:20，周末：7:00—22:20，每30分钟一班，票价19欧元。

乘坐RER：在2号航站楼RER火车站、3号航站楼乘坐RER B至Antony（Saint Rémy les Chevreuse），10.2欧元。在Antony换乘ORLYVAL直至Paris-Orly南航站楼，7.4欧元。

戴高乐机场CDG至市区

戴高乐机场位于法国大区东北部5区，分为1、2、3三个航站楼，各个航站楼之间有免费的CDGVAL（机场内线轻轨）连接，且在CDG2（2号航站楼）可以乘坐去往外省的TGV火车站（Aéroport Charles de Gaulles-TGV），不进入巴黎市区的乘客可以选择直接乘坐火车。

1）RER B：在3号航站楼乘坐RER B线，从戴高乐机场至Châtelet les halles用时约50分钟，9.25欧元。

2）Roissybus大巴：在1号航站楼，2号航站楼2A、2C、2E-2F、2D、2B及2号航站楼TGV-SNCF火车站乘坐Roissy bus大巴，用时45~60分钟，10欧元。

3）公交车（最便宜）：在1号航站楼，2号航站楼2A、2C、2D、2B及TGV-SNCF火车站乘坐350路公交车，约用时（至gare de l'Est）50分钟，5.7欧元；乘坐351路公交车，约用时（至place de la Nation）60分钟，5.7欧元。

4）法航大巴车：在1号航站楼，2号航站楼2A-2C、2E-2F、2D-2B乘坐法航大巴2路，至Etoile et porte Maillot，17欧元；或乘坐法航大巴4路，至gare de Lyon及gare Montparnasse, 17欧

元。

二、奥利机场

（机场于每日凌晨0:30至3:30关闭，无行李寄存处）

◆奥利机场班车：巴黎市中心至奥利机场：5:35—次日0:00（周六到0:05），每15~20分钟一班。奥利机场至巴黎市中心：6:00—次日0:30。到达/出发地：当费尔-洛希罗广场place Denfert-Rochereau（巴黎14区）。网上查询：www.ratp.fr，电话：3246（0.34欧元/分钟）。

◆奥利机场地铁专线：6:00—23:00，每4~7分钟一班。到达/出发地：安东尼地铁站Antony（巴黎地区捷运线B线）。网上查询：www.orlyval.com，电话：3246（0.34欧元/分钟）。

◆巴黎地区捷运线C线：巴黎市中心至奥利机场：5:12—次日0:30；奥利机场至巴黎市中心：4:53—23:40，每20分钟一班。从Austerlitz站出发，之后可乘公共汽车。经主要站点：Gare d'Austerlitz站（巴黎5区）、Saint Michel-Notre Dame站（巴黎5区）、Invalides站（巴黎7区）、Porte Maillot站（巴黎17区）可换乘地铁。网上查询：www.ratp.fr，电话：3246（0.34欧元/分钟）。

◆法航机场班车：奥利机场—蒙巴纳斯Montparnasse—荣军院Invalides—Étoile：6:00—23:40；Étoile—荣军院Invalides—蒙巴纳斯Montparnasse—奥利机场：5:00—22:40。每20分钟一班。戴高乐机场—奥利机场：5:55—22:30。奥利机场—戴高乐机场：6:30—22:30。每30分钟一班。网上查询：www.lescarsairfrance.com，电话：0892 350 820（0.34欧元/分钟）。

◆出租车：根据乘车时段、具体日期、交通状况、目的地等的不同，车费在30到50欧元之间不等。

奥利机场至戴高乐机场交通

乘坐Air France法航大巴：在5站台K口乘坐3路法航大巴，19欧元。

乘坐RER：乘坐ORLYVAL至Antony站，7.4欧元。在Antony乘坐RER B线至Aéroport Charles de Gaulle，10.2欧元。若您需要去到3号航站楼，可选择乘坐免费的CDGVAL。

奥利机场至市区交通

奥利机场位于巴黎大区南部，分为南航站楼和西航站楼，可乘坐免费的Shuttle Bus来往于两航站楼。

1）RER C：在南航站楼的porte F口、西航站楼porte G口乘坐巴士Paris par le train（2.5欧元）至Pont de Rungis后乘坐RER C（方向Pontoise或Montigny Beauchamp），3.95欧元。

2）RER B：在南航站楼K口、西航站楼A口乘坐ORLYVAL巴士至Antony，在Antony乘坐RER B线（方向Mitry-Claye），总10.9欧元。

3）Orlybus大巴：在南航站楼G口、西航站楼D口乘坐Orlybus，至巴黎Denfert-Rochereau车站约20至30分钟，7欧元。

4）公交车（最便宜）：在南航站楼H口的3号站台乘坐183、285、292路到达巴黎及其郊区。

5）法航大巴：在南航站楼L口、西航站楼D口乘坐法航大巴1路直达巴黎市中心（gare Montparnasse,Invalides,Etoile），约用时35分钟，12欧元。

三、巴黎伯韦提耶机场

网址：www.aeroportbeauvais.com，电话：0892 682 066（0.337欧元/分钟）

◆伯韦机场专车：1,boulevard Pershing（巴黎17区）。

地铁：马约门Porte-Maillot，航班起飞前3.5小时发车。

◆火车：巴黎北站始发，下车后转乘出租车。

❷ 火车

法国铁路系统覆盖了法国国内大部分地区，以巴黎为中心连接法国各大主要城市的TGV高速火车是世界上速度最快的列车之一，游人可搭乘TGV前往波尔多、里昂、普罗旺斯等地。如果购买法国铁路公司专供国外游客使用的火车通行证，可在一个月内任选一定天数搭乘。

法国境内火车，不仅车票可以打折，还可以享受很多优惠条件。乘车前必须检票，法国国营铁路公司热线电话：3635（0.34欧元/分钟）。网址：www.sncf.com。

◆奥斯特里茨站Gare d'Austerlitz（巴黎5区）往返地区：法国西南部、西班牙、葡萄牙。自动行李寄存处营业时间：每日7:00—23:30（博物馆中庭：27号门）。

◆巴黎东站Gare de l'Est（巴黎10区）往返地区：法国东部、卢森堡、德国、奥地利、瑞士、东欧各国。人工行李寄存处营业时间：每日6:00—23:45（地下1层）。

◆里昂站及贝尔希站Gares de Lyon et de Bercy（巴黎12区）往返地区：法国东南部（开通高速铁路）、瑞士、意大利。自动和人工行李寄存处营业时间：每日6:15—22:00（里昂站地中海大厅）。

◆巴黎北站Gare du Nord（巴黎10区）往返地区：法国北部、德国、斯堪的纳维亚半岛各国、比利时及荷兰（开通西北高速铁路Thalys）、英国（开通欧洲之星Eurostar）。网上查询：www.thalys.com或www.eurostar.com。

自动行李寄存处营业时间：周一至周五6:15—23:15（1层）。

◆蒙巴纳斯站Gare Montparnasse（巴黎15区）往返地区：法国布列塔尼地区Bretagne、阿奇塔纳地区Aquitaine（开通高速铁路）。自动行李寄存处营业时间：每日7:00—23:00（2层）。

◆圣-拉扎尔站Gare Saint-Lazare（巴黎8区）往返地区：法国诺曼底地区Normandie，可换乘前往英国的客轮。车站不设行李寄存服务。

❸ 地铁、捷运线

乘坐地铁或巴黎地区捷运线：共15条线路近300个车站，每条地铁线都有不同的编号、颜色和行驶路线。A、B、C、D、E五条巴黎地区捷运线（分属巴黎公交独立专营公司和法国国营铁路公司）连接巴黎及市郊地区，并与市内地铁网和部分火车站接通。"t+车票"可乘坐一次地铁，或ERE捷运（巴黎市区范围内）或公共汽车，并可在一个半小时的有效时间（1.7欧元）内多次换乘，10张的套票为13.3欧元。如乘坐捷运线超出二区范围（戴高乐机场、迪斯尼乐园等），车票另行计价。

游客可购买巴黎旅游交通卡，该卡是为游览巴黎及周边地区而设的交通优惠卡，分一日有效，连续两日、三日或五日有效等多种，可乘坐地铁、公共汽车、巴黎地区捷运线和行驶于巴黎大区的列车。根据交通卡可达区域范围的不同，最远可到迪斯尼乐园、凡尔赛、戴高乐机场和奥利机场。持卡人可享受巴黎公交独立专营公司13个合作伙伴提供的优惠服务。

周一至周四，地铁首班车5:30，末班车为次日凌晨1:15。周五、周六及节日前夜首班车5:30，末班车为次日凌晨2:15。

需要特别注意的是：未经检票登车将被视为无票乘车。如需各类信息如时刻表、价格表、路线图等，可上网查询：www.ratp.fr，电话：3246（0.34欧元/分钟，法语接听）。

RER（地区快车网）：拥有五条线(A、B、C、D和E)的地区快车网（RER）穿越巴黎和周边地区，营业时间与地铁相同。需要注意的是，在巴黎市区以外，票价是不同的。请在您的始发站咨询相关信息。

❹ 公共汽车

各路公共汽车均有编号，一般在5:30到20:30之间运行，有些线路营运至次日凌晨0:30或者更晚。巴黎还有超过45条线路的夜间公共汽车，首班车凌晨0:30，末班车凌晨5:30。夜间公共汽车通行巴黎市区并可驶至周围50公里处（包括巴黎戴高乐机场）。票价因车程而异。网上查询：www.noctilien.fr，电话：3246（0.34欧元/分钟）。您可以在任何一个地铁站和RER车站索取一份免费分发的交通网络图（地铁、公共汽车、RER）。如果想了解更为详细的情况，请查询：http://www.ratp.fr。

❺ 有轨电车

巴黎及近郊地区开通四条有轨电车线：

◆T1（Asnières Gennevilliers Les Courtilles—Noisy le Sec捷运线）营运时间：周一至周四5:30—次日凌晨0:37，周五和周六5:30—次日凌晨1:37，周日和节日6:30—次日凌晨0:37。

◆T2（Pont de Bezons—Porte de Versailles线）营运时间：周一至周四5:30—次日凌晨0:10，周五和周六5:30—次日凌晨1:10，周日6:30—次日凌晨0:10。

◆T3A（Pont de Garigliano—Porte de la Chapelle线）营运时间：周一至周五4:50—次日凌晨0:26，周六4:50—次日凌晨1:35，周日5:50—次日凌晨0:35。

◆T3B（Porte de Vincennes—Porte de la Chapelle线）营运时间：周一到周四5:30—次日凌晨0:30，周五和周六5:30—次日凌晨1:30，周日6:30—次日凌晨0:30。

6 自由单车

得益于"自由单车"的游客可以充分利用巴黎市内总长371公里的自行车道。2万辆自行车每天24小时供游客使用。巴黎市政府在全城遍设停车点（总计1800处，其中Petite Couronne有300处，每隔300米一处），这种自由单车的使用说明在说明板上用8种语言标出：前30分钟免费使用，之后的使用费用从每30分钟1欧元到4欧元不等。

可受理的银行卡：Visa、MasterCard、American Express、JCB及Moneo。详情可上网查询：www.paris.fr或www.velib.paris.fr。电话：0130797930。

7 自由电动汽车

在巴黎及巴黎大区的46个市镇首次推出了电动汽车（100%电力驱动）的短期租赁自助服务，且使用完毕后无需归还至出发地点。游客只需持有汽车驾照、身份证明和银行卡即可通过自动终端注册使用或进行预订。

可受理的银行卡：Visa、MasterCard、American Express。详情可上网查询：www.paris.fr和www.autolib.eu。电话：0800942000（免费电话号码，座机拨打免费）。

8 出租车

在火车站、机场、交通枢纽附近和巴黎470个出租车候车站均能搭乘出租车。遇上空车（亮绿灯），请向司机示意。车费：起步费2.5欧元；最低车费6.6欧元；超过三人搭乘，超出的成年人每人另交3欧元；后备箱行李超过一件且第二件超出5kg，超出部分每件另交1欧元。下车前应向司机索取发票，以防出现争议或物品遗失的情况。

根据乘车时段、具体日期、交通状况、目的地等的不同，车费不等。拨打0145303030可接通巴黎市政府的出租车呼叫服务；拨打3607（0.15欧元/分钟）接通G7的24小时全天候出租车呼叫服务，网址：www.taxisg7.fr。警察局地址：36,rue des Morillons（巴黎15区），在地铁Convention站。失物招领处电话：0821002525（0.12欧元/分钟）。

9 乘坐观光巴士

警察局划定的游览区内，观光巴士不得停车，其中包括香榭丽舍大街、巴黎圣母院、西岱岛、圣路易岛、圣米歇尔大道和圣日耳曼大道、里沃利街以及蒙马特高地一带景点。塞纳河游船则可停靠上述景点。除这些游览区外，观光巴士可于指定地点作短暂停留。任何情况下，观光巴士都只能在指定地点泊车。网上查询：www.passautocars.paris.fr。

10 自行驾车

强烈建议游客不要使用私家车，在巴黎仍以搭乘公交工具为宜。在巴黎驾车应注意如下基本事项：车辆靠右行；不论乘坐前排或后排，必须系上安全带；驾车时不要通电话；不得鸣笛；随车携带国际保险卡及驾驶证；右方车辆先行的原则适用于市郊道路，且限速80千米/小时；不得占用公共汽车道。

11 停车场和停车

不得在红线处和双道线处停车；不得占用货运车位（除20:00至次日7:00、周日及节假日。沿黄色双道线处及在夜间营业的商业区附近依然禁止停车）及残疾人专用车位。付费车位泊车不得超过2小时，停车费每小时1至3欧元。各街区均有地下停车场，泊车无时限，每小时收费2至3欧元。如果您自行驾车前来巴黎，可事先预订停车位，以享受优惠价格。网上查询：www.parkingsdeparis.com。巴黎警察总局地址：9,bd du Palais（巴黎4区），在地铁Cité站。网上查询：www.prefecturedepolice.interieur.gouv.fr。电话：0153715371。

027

D 速度玩法国！

FRANCE HOW

10大人气好玩旅游热地

① 埃菲尔铁塔

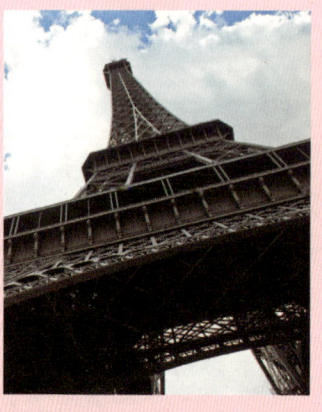

建成于1889年的埃菲尔铁塔设计新颖独特，共分为三部分，使用了12000多个金属部件，用去钢铁总量达7000吨，在纽约帝国大厦落成之前，一直是全世界最高的建筑物，现今已经成为巴黎乃至法国的标志性建筑。

② 凯旋门

1806年年初为纪念拿破仑打败俄奥联军而建的凯旋门高50米，宽45米，又被称为雄狮凯旋门，现今已经成为巴黎的标志性建筑之一。巴黎的12条街道也从凯旋门所在的戴高乐广场向外辐射。

③ 卢浮宫

卢浮宫是世界上最大、最古老的博物馆之一，在这里珍藏着古埃及、希腊、伊特鲁里亚、罗马和欧洲中世纪以及东方各国的2.5万件艺术珍品和40余万件参展品，被誉为人类历史上最大的一处艺术宝库。

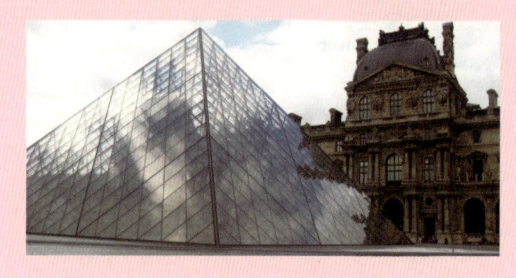

④ 巴黎圣母院

雄伟庄严的巴黎圣母院是巴黎城最古老的建筑物之一，是巴黎哥特式建筑的代表作之一。小说《巴黎圣母院》的故事场景就发生在这里，当圣母院内传出铜钟的悠扬之声时，人们不禁会想到加西莫敲钟时的样子。

法国推荐

⑤ 荣军院

法国"太阳王"路易十四于1670年设立的荣军院，又被称为巴黎残老军人院，是全欧洲第一所由政府设立，收容、安置部队中伤残军人及年老退役军人的机构。荣军院内的圆顶教堂以金色圆顶而闻名，教堂内埋葬有法兰西第二帝国的皇帝路易·拿破仑。

⑥ 凡尔赛宫

恢弘壮丽的凡尔赛宫曾经在长达100多年的时间里作为法国王宫，更是法国乃至全欧洲的贵族活动中心。凡尔赛宫内部陈设极尽奢华，在法国大革命时期这里曾多次被破坏，后来在修复后成了一处历史博物馆。

⑦ 枫丹白露宫

修建于法王路易六世时期的枫丹白露宫是法国最大的王宫之一，历史上多位法国国王将这里作为王宫或是行宫，也曾招待过来自欧洲其他国家的王室成员，是一座很具传奇色彩的宫殿。

⑧ 巴黎迪斯尼乐园

于1992年开幕的巴黎迪斯尼乐园由美国城镇街道、边疆乐园、探险乐园、幻想乐园和发现乐园等五大部分组成，是一处充满欢声笑语的梦幻乐园。

⑨ 圣米歇尔山修道院

建于8世纪的圣米歇尔山修道院历史悠久，其前身是古罗马时期的祭坛，从一个8世纪简陋的礼拜堂变成一个本笃修会的隐修院，包括修道院、教堂等。除了各式建筑外，还可在这里欣赏大海美景。

⑩ 摩纳哥蒙特卡洛国际娱乐场

蒙特卡洛国际娱乐场是世界上最著名的赌场之一，它的外形是一座古色古香的建筑，内部装饰金碧辉煌。这里同时还是摩纳哥举办各种大型会展的地方，各种大型国际会议、知名歌手的演唱会和名家荟萃的歌剧表演等都会在这里举行。

速度赏法国！
FRANCE HOW
10大无料主题 迷人之选

① 香榭丽舍大街

全长约1800米的香榭丽舍大街始建于1616年，最初名为王后林荫大道，"香榭丽舍"这一中文译名是徐悲鸿在法国留学时所起。这是巴黎最浪漫的街道，也被誉为全世界最美丽的街道。

② 塞纳河

塞纳河是法国第二大河，由于流经巴黎市区，因而又被誉为巴黎的母亲河。塞纳河畔风景优美，充满着法兰西独有的浪漫气息，在河岸漫步可以感受到巴黎的城市魅力。

③ 尼斯英国人散步道

由尼斯当地的英国侨民捐资建成的英国人散步道始建于1820年，这条散步道沿途风光明媚，路两边遍植棕榈树和各种鲜花，每到夕阳西下的时候，在这里还能看到夕阳入海的美丽景观。

④ 昂日湾

昂日湾是尼斯最美丽的海滩，蔚蓝的海水是这里的最大特色，除了靠近海滩的几十米处是浅蓝色外，其余地方都是一片深蓝，宛如天堂一般美丽。

法国推荐

5 马赛旧港

马赛旧港始建于古希腊时期，迄今已有2600年的历史，有着浓郁的地中海风情，是马赛的标志性景点，在这儿可以感受到最正宗的马赛风情，能更好地了解这个因《马赛曲》而扬名天下的城市。

6 摩纳哥王宫

由一组海岸防御堡垒改造而成的摩纳哥王宫，自摩纳哥公国成立以来一直是摩纳哥亲王的住所，现在则是摩纳哥最著名的景点之一。王宫内的博物馆是了解摩纳哥历史和中世纪文化的好地方。

7 第戎圣母院

第戎圣母院是第戎首屈一指的教堂，其颇具特色的飞扶墙设计使得在有限的建筑空间里依然能尽情展现庄严肃穆的氛围，完美地再现了古罗马时期的建筑艺术风格。

8 夏慕尼

阿尔卑斯山所环绕的小城夏慕尼是冰雪运动的胜地，冰川从主峰勃朗峰铺陈而下，在这里形成了一处美丽异常的冰雪景观，第一届冬奥会就是在这里召开的。

9 依云镇

因矿泉水而闻名的依云镇是个背靠阿尔卑斯山、面临莱芒湖的法国小镇，小镇内古朴的街道两侧林立着19世纪末到20世纪初的精美建筑。

10 小威尼斯

小威尼斯因城内的河道及其周边风情酷似意大利的古城威尼斯而得名，游人可以乘坐平底船沿着小河欣赏沿岸的房屋和一座座典雅的石桥，是一座充满独特魅力的水城。

031

F 速度吃法国！
FRANCE HOW

10大人气魅力平民餐馆

① 雨果咖啡馆

雨果咖啡馆因毗邻雨果纪念馆而得名，在这里可以喝到香浓醇正的咖啡，也能品尝各种美味的餐点，它们虽然都是普通的菜肴，但是经过厨师的精心制作而变得格外可口。

③ 狡兔之家

位于蒙马特区的狡兔之家历史悠久，不仅是巴黎最古老的酒馆之一，同时还曾经是毕加索、布莱克、郁特里罗、阿波利索尔等艺术大师在成名之前经常光顾的地方，经常有世界各地的观光客慕名来到这里拍照留念。

② 双风车咖啡馆

双风车咖啡馆因电影《天使爱美丽》而闻名，这间略带几分杂乱的咖啡馆墙上挂着的电影海报提醒人们，这里曾经拍出过一部充满梦幻美的电影，甚至影片中老板娘和客人发生激情的卫生间也不会被忠实的影迷错过。

④ 力普啤酒馆

位于巴黎左岸的力普啤酒馆历史悠久，由于开设餐馆的老板是阿尔萨斯人，因而这里同时出售具有德国菜特色的阿尔萨斯菜肴，可品尝美味的德国风味菜。

法国推荐

5. Hotel du Nord

毗邻圣马丁渠的Hotel du Nord曾经是电影《北方旅馆》的拍摄地，除了美味香醇的咖啡外，还可以在这里品尝各种法式简餐、汤、意大利面和鱼肉料理。

6. FAUCHON

创立于1886年的FAUCHON是巴黎颇为知名的一家食品店，除了可以购买到果酱、茶叶、饼干、糖果、香料、美酒，甚至熏香蜡烛、围裙和桌巾等与饮食相关的商品外，还可以品尝只有这里才能做出的各式美味，被誉为巴黎精致美食的代表。

7. 和平咖啡馆

巴黎著名的老咖啡馆大多聚集在塞纳河左岸，而开业于1862年的和平咖啡馆则是右岸最知名的一家咖啡馆。除了咖啡外，在和平咖啡馆还可品尝到正宗的法国菜肴。

8. Léon de Bruxelles

在法国颇为知名的连锁海鲜餐厅Léon以比利时贻贝最受欢迎，除了各种新鲜的海鲜外，店内还有冰凉的啤酒，颇受游客欢迎。

9. Le Vaudeville

虽然外观不甚起眼，但在Le Vaudeville内却可以享用到法式蜗牛、鹅肝酱等口味正宗的法式菜肴，精致的美食与合理的价格令这家小餐馆每天都是座无虚席。

10. Kong

由设计大师Philippe Starck设计的Kong是巴黎时尚圈里的人气餐厅，除了时尚的设计和充满日式风味的创新法国菜外，这里还摆满日本漫画和玩具，颇为另类。

G 速度买 法国！

FRANCE HOW

10大购物瞎拼潮流地

1 瑞士村跳蚤市场

毗邻战神广场的瑞士村跳蚤市场沿街拥有150余家商铺，这里的商家专门经营各种高价古董，其中不乏17世纪生产的路易十四式家具和18世纪拿破仑时代的家具。

2 香榭丽舍大街

全长约1800米的香榭丽舍大街是巴黎最繁华、最浪漫的街道，也被赞誉为全世界最美丽的街道，沿街林立着咖啡馆、服饰店和精品店，吸引众多游人在这里观光购物。

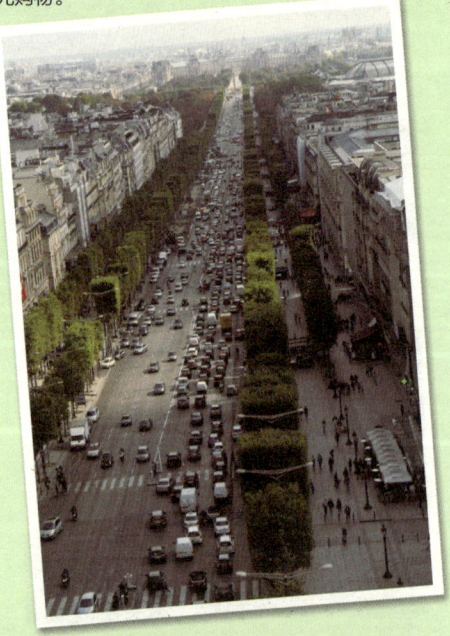

3 蒙田大道

蒙田大道沿街两侧汇集了CHANEL、CD、Nina Ricci、PRADA、FENDI、LV、Celine等国际知名品牌装饰高贵典雅的旗舰店。

4 老佛爷百货

开业于1896年的老佛爷百货是巴黎最负盛名的百货商场，拥有世界上几乎所有的时尚品牌，同时也是巴黎时尚文化的发源地和标志。

法国推荐

⑤ 巴黎春天百货

与老佛爷百货齐名的巴黎春天百货创立于1865年，位于奥斯曼大道上，拥有超过200种化妆品品牌，并设有全巴黎最大的香水销售专柜。

⑥ Rue du Faubourg St-Honoré

Rue du Faubourg St-Honoré是一条汇集了众多世界知名品牌的名店街，沿街林立着众多世界知名品牌的精品店，是追求时尚、喜欢名牌商品的人们不可错过的血拼之街。

⑦ 里欧力大道

里欧力大道是巴黎最好的购物街之一，以平民化的商业定位而出名，众多品牌都是面向大众的，还有诸多一线品牌的专卖店，因价格合适，经常引起抢购的风潮。

⑧ 圣日耳曼大道

圣日耳曼大道以众多贴近普通大众的时尚商店而著称。来到这条大街上，可以看到许多知名品牌的旗舰店、品牌店，其中就有LV的总店。

⑨ 雷恩大街

雷恩大街是巴黎一处深受年轻人喜爱的时尚购物街，沿街林立着众多店铺，以深受年轻人喜爱的流行服饰居多。

⑩ Passage du Grand Cerf

Passage du Grand Cerf是一条充满淘宝乐趣的购物街，这里的商家多经营各种艺术特色店，以复古商品和小装饰品为主，颇受游客欢迎。

速度买 法国！
FRANCE HOW

带回家特色伴手好礼！

① 法国波尔多红酒
波尔多的葡萄种植和酿酒的历史悠久，加上波尔多人对于酿酒技术的精益求精，其酿造的红酒世界闻名。

③ 奶酪
法国是世界上生产奶酪品种最多的国家，有近400种奶酪，包括牛奶、绵羊奶、山羊奶或是混合奶所制成的不同品种。法国奶酪不仅种类繁多，而且各具风味。

④ 橄榄油
橄榄油在地中海沿岸地区有几千年的历史，被誉为"液体黄金"、"植物油皇后"、"地中海甘露"，是世界上唯一以自然状态的形式供人类食用的木本植物油。

② 巧克力
法国的巧克力世界闻名，历史悠久的巧克力品牌——Bonnat口味多样，可感受法国顶级巧克力的醇厚魅力。

法国推荐

⑤ 马赛肥皂

传统的马赛肥皂由橄榄油和棕榈油制成，方方正正的马赛肥皂外观非常普通，甚至切割的边缘都不甚平整，却是无数游人来马赛必买的纪念品。

⑥ 美容化妆品

巴黎街头的化妆品商店鳞次栉比，各种品牌的护肤品都可以在这里买到，而且价格便宜，购买到一定数量还可申请免税，颇受爱美女性的欢迎。

⑦ 格拉斯香水

格拉斯是一座因香水工业和香水贸易而繁荣的法国南部城镇，早在16世纪就是欧洲闻名的香水之都，这里出产的香水更是世界闻名。

⑧ 巴黎时装

作为国际时尚大都市之一，巴黎汇集了众多名牌设计师的专卖店，在蒙田大道、马德莱娜广场等地可买到各种设计时尚典雅的名牌服饰。

⑨ 传统手工艺品

法国各地很多乡村至今还保持着用传统技术手工制作陶器、玻璃精工、花边织物和纸张等，这些富有地方色彩的手工艺品吸引了众多游人购买，是可作为纪念品的绝佳礼物。

⑩ 贝雷帽

贝雷帽的历史最早可以追溯到15世纪，法国西南部的牧羊人喜欢戴一种用棕色羊毛纺织出的圆形无檐软帽，由于法国和西班牙交界处的巴斯克人喜爱戴这种帽子，因而被人们称作"巴斯克贝雷帽"。

037

速度游 法国！

FRANCE HOW

6天5夜畅游之旅

💛 清晨 到达巴黎

DAY 1

白天 巴黎

巴黎是大多数中国人进入法国的第一站，这座高度现代化的城市充满浪漫风情，协和广场、凯旋门、埃菲尔铁塔、卢浮宫、巴黎圣母院等景点吸引了每一个游客。这座时尚的城市同时也是购物狂们的天堂，只有巴黎才有那么多的高级百货公司、那么多的名牌专卖店，可以满足人们对时尚的不懈追求。

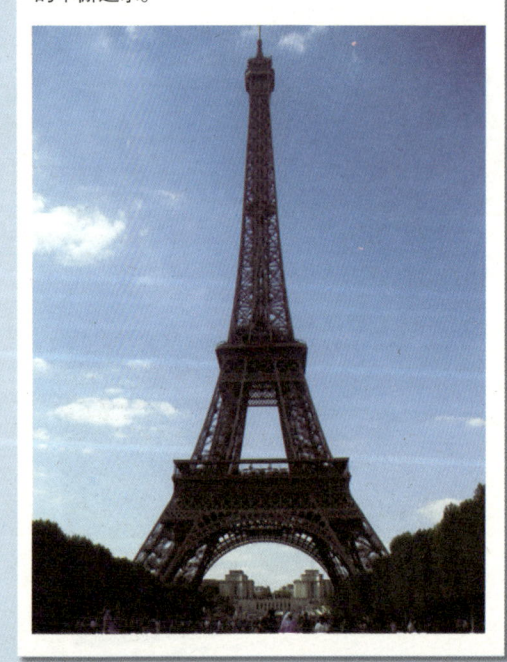

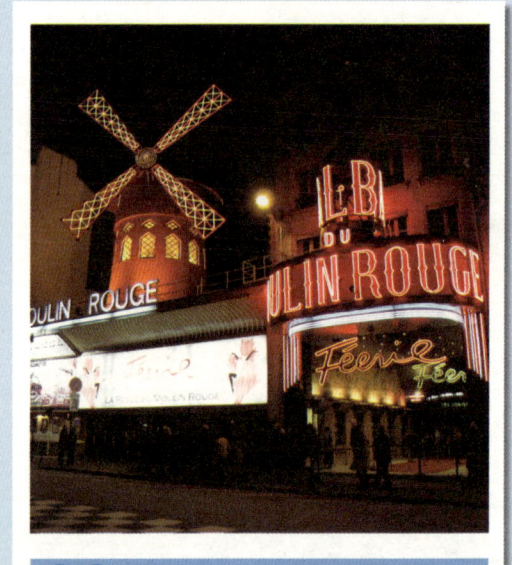

夜晚

巴黎红磨坊夜总会闻名于世，亨利·土鲁斯·劳特雷克的宣传海报更令红磨坊成为不朽的传奇。这里有装饰着羽毛、水晶玻璃、闪光亮片的服装，独特的音乐和世界上最漂亮的姑娘，吸引了每一个来到这里的游客。

夜晚 住宿推荐

豪华星级酒店：Meridien Montparnasse、Castiglione、Marriott Rive Gauche Hotel And Conf

舒适酒店：Mercure Porte De Pantin、Allseasons Chateau Landon Gare De L'Est

DAY 2

白天 里昂

在产业革命时代凭借纺织业飞速发展的里昂，分为新旧两个城区：隆河东岸的新城区高楼林立，市中心气派高雅的建筑风格和巴黎颇为相似；索恩河西岸的旧城区遍布古老豪宅，大大小小将近400条的穿街小巷在不经意间流露出文艺复兴风格的迷人气质。

夜晚

每逢节日夜晚，里昂街头灯火交织，呈现出一个五光十色的灿烂世界，为城中古老的建筑和街巷增添了几分柔和而神秘的色彩。

夜晚 住宿推荐

豪华星级酒店：Villa Florentine

舒适酒店：Hotel Ariana、La Residence、Villages Hotel

DAY 3

白天 马赛-尼斯

地中海沿岸的马赛是法国第二大城市，同时也是无数游客向往的普罗旺斯首府。千百年来，马赛港口停泊着来自世界各地的船舶。弥漫着异国气息的马赛充满了自由与享乐的气息，给人慵懒随意的感觉，是一处包容了浓郁地中海风情和浪漫法国气质的极致之地。而《基督山伯爵》中那处阴暗的伊夫堡依旧屹立在小岛上，为这座城市带来神秘诱人的传奇色彩。尼斯是法国第五大城市，天使湾的美丽景色令每一个游客赞叹不已，马蒂斯博物馆和夏加尔博物馆是闻名全球的美术馆，带给人们艺术与美感的双重享受。

夜晚

黄昏时分，在被迷人海湾和棕榈树包围的英国人散步道上，随处可见在海边漫步的游客，或是依偎的情侣，迎着海风欣赏月光下迷人的海景，充满浪漫情调。

夜晚 住宿推荐

豪华星级酒店：Boscolo Park、Nh Nice、Hotel Negresco、Grand Hotel Beauvau Marseille Vieux-Port

舒适酒店：Hotel Windsor、Grand Hotel Le Florence Nice、Lutetia

法国推荐

DAY 4

白天 摩纳哥公国

阳光明媚的摩纳哥在短短几百米长的海岸线上汇集了数不尽的美丽景色。作为世界上最富裕的国家之一，摩纳哥是一个名副其实的国际大都市，众多国际时尚大名牌在此落户，市中心著名的"金环"商业区更是名店林立，高档商品琳琅满目。每年5月的F1方程式赛车摩纳哥大奖赛更是吸引了全世界的赛车迷和豪商大贾，观赏这个充满快感刺激的赛车盛事。建于1875年的摩纳哥大教堂美轮美奂，深受国民爱戴的格蕾丝王妃也安眠于此，来此参观的游客都会随身带上一束鲜花，献给这位曾经是好莱坞女星的王妃。

夜晚

摩纳哥的夜生活是公国传奇生活中不可分割的一部分，蒙特卡洛最知名的赌场建于1878年，四周花园围绕，内部装饰奢华典雅，向每一位游客诠释着何谓"纸醉金迷"。除了是众多赌客逐梦的舞台，大赌场同时也是一座收藏了19世纪王室珍宝的博物馆。

夜晚 住宿推荐

豪华星级酒店：巴黎饭店、Hotel Hermitage、Le Meridien Beach Plaza
舒适酒店：Columbus Monaco

DAY 5

白天 波尔多

位于加伦河畔的波尔多是一座环境优美的传统城市，除了众多保存完好、建于18世纪的古建筑外，波尔多最为知名的就是这里的葡萄酒庄园。在波尔多，除了可以畅饮这里的葡萄酒，还可以去参观众多世界闻名的酒庄，了解享誉全世界的波尔多葡萄酒的酿制过程。

夜晚

建于1749年的证券交易所广场，象征着波尔多的城市繁荣。夜幕降临后，广场周围灯火璀璨，吸引了无数游客驻足，欣赏这有着美丽拱廊线条与石板屋顶的城市广场。

夜晚 住宿推荐

舒适酒店：Hotel Clemenceau、La Tupina

DAY 6

白天 巴黎

　　位于巴黎以东的巴黎迪斯尼乐园原名欧洲迪斯尼乐园，是美国之外的第二座迪斯尼乐园。巴黎迪斯尼乐园内以西部小镇、大峡谷、海盗船等场景为主，不论是城堡、街道、建筑物的雕饰，乃至于树丛花圃的造型，都设计得精致优雅，颇有欧洲古典宫廷花园的感觉。

夜晚 起程踏上归途

速度去 摩纳哥公国！
FRANCE HOW

1 印象

面积仅1.98平方公里的摩纳哥公国是全世界最富裕的国家之一，在这个袖珍小国短短几百米长的海岸线上，美丽景色格外集中，已成为这里的特色之一。摩纳哥王宫、大教堂、海洋博物馆、建于中世纪的旧城古街巷、纸醉金迷的赌场和奢华典雅的豪华酒店，摩纳哥公国确实是名副其实、不同寻常而又令人向往的旅游胜地。从古老到现代，从传统到不同寻常，这里各种不同风格的建筑以及多元化的名胜令世界各地的游客乘兴而来，满意而归。

2 地理

摩纳哥公国地处法国南部，除了靠地中海的南部海岸线之外，全境北、西、东三面皆被法国包围，是世界上为数不多的国中之国。摩纳哥边境线长4.5公里，海岸线长5.16公里。地形狭长，东西长约3公里，南北最窄处仅200米，境内多丘陵，平均海拔不足500米，国土面积为1.98平方公里，其中0.4平方公里为填海所得。

3 气候

摩纳哥公国属亚热带地中海气候，全年有300多天阳光普照，夏季干燥凉爽，冬季潮湿温暖。年均气温为16℃，年均降水量为500~600毫米。

4 区划

摩纳哥公国全国下辖摩纳哥城区、摩奈盖提区、枫维叶区和蒙特卡洛区4个区。

5 人口

摩纳哥公国现有人口约为7.5万人，其中8000多人为摩纳哥公民。

6 国花

摩纳哥国花为石竹，国鸟为雄鸡。

7 摩纳哥公国节日

国际马戏节
时间：1月

国际马戏节在摩纳哥蒙特卡洛举行，由于兰尼埃三世在孩童时代就对马戏表演十分着迷，因而于1974年创办了蒙特卡洛国际马戏节，将全世界的顶尖表演者聚集一堂。每年都有数百名演员被邀请参加这为期一周的庆典。众星云集的马戏节开幕式由阿尔贝亲王二世和他的妹妹斯蒂芬妮公主主持，最好的演员将被授予"金小

法国推荐

丑"和"银小丑"奖项。

玫瑰舞会
时间：3月

玫瑰舞会在星际大厅举行，是摩纳哥最主要的慈善活动。创始于1954年的玫瑰舞会历年活动的收益均捐赠给格蕾丝王妃基金会，并且每年都会选定全新的主题，舞会场所由2.5万朵玫瑰点缀，各界名流身着礼服出场，为舞会增光添彩。

F1世界一级方程式大奖赛
时间：5月最后一个周末

F1世界一级方程式大奖赛在摩纳哥的城市赛道上举行，每年都吸引了很多来自世界各地的车迷，一睹激烈的比赛。

摩纳哥国际马拉松
时间：11月

摩纳哥国际马拉松是世界上唯一一个横贯摩纳哥、法国和意大利3个国家的马拉松比赛，每年11月都会吸引上千名马拉松爱好者参加。

蒙特卡洛春季艺术节
时间：4月

蒙特卡洛春季艺术节是摩纳哥最令人期待的年度文化盛事之一。艺术节期间，全世界的天才艺术家们都将齐聚摩纳哥，同时，著名的蒙特卡洛交响乐团和蒙特卡洛芭蕾剧团亦将在艺术节期间登台献演。

蒙特卡洛国际烟花节
时间：7、8月

蒙特卡洛国际烟花节期间，璀璨艳丽的烟花在大力神海港上空绽放，是摩纳哥夏季夜晚的一处盛会。

蒙特卡洛红十字舞会
时间：8月最后一个周末

蒙特卡洛红十字舞会是由摩纳哥亲王阿尔贝二世筹划的年度慈善募捐活动。届时有精致无比的佳肴、顶级歌手的现场表演，还有众多的国际名流纷纷出场，每年都会吸引无数人的目光。

国际古董、珠宝及艺术展
时间：12月

国际古董、珠宝及艺术展在格里马尔迪会议中心举办，国际化的规模吸引了超过60家欧洲及美国的古董商人和1.2万名观众，是艺术爱好者及收藏家不可错过的盛会。

摩纳哥公国国庆日
时间：11月19日

摩纳哥国庆日是游客融入并体验公国节庆气氛的最佳机会，各国大使、领事和政府官员均身着缀满勋章的制服出席，游客可以从王宫的窗户中一睹皇室成员的风采，夜晚则在海港上空绽放起缤纷艳丽的烟火。

❽ 摩纳哥公国交通

航空
摩纳哥公国并没有自己的机场，毗邻的尼斯–蓝色海岸国际机场则作为摩纳哥公国与世界超过86个国家和地区空中交通联系的中转站。游客从尼斯–蓝色海岸国际机场可以选择乘机场巴士或直升机前往摩纳哥，摩纳哥直升机航空公司和摩纳哥航空均提供直升机服务，行程仅需6分钟。机场巴士每小时两班，车程45分钟，票价18欧元。

火车
从巴黎的里昂火车站每天有一班TGV高速列车开往摩纳哥蒙特卡洛火车站，行程大约5个半小时。从尼斯火车站每天有大量开往蒙特卡洛火车站的列车，行程为13~22分钟。

长途汽车
距摩纳哥市中心8公里的欧洲高速公路网将摩纳哥公国同法国、西班牙、意大利、瑞士、德国、比利时、荷兰、卢森堡、奥地利以及英国连接起来。摩纳哥的112路巴士沿着地中海的海岸线往返于尼斯车站，单程50分钟。此外，摩纳哥还有5辆巴士服务于芒通–摩纳哥–尼斯的线路，平均每15分钟一班。

巴士
摩纳哥共拥有5条巴士路线，其中1号线往返于

法国推荐

Rocher和大赌场之间；2号线开往异国花园；3号线途经火车站、蒙特卡洛和Larvotto海滩；4号线行经火车站、游客服务中心等地；6号线行经Larvotto海滩和Fontvvieille。

步行

摩纳哥面积不大，大部分景点都可徒步前往，边走边欣赏周围的美丽景色，别有一番情趣。

电梯

由于摩纳哥境内多丘陵，国内依照山势地形修建了7条电梯系统，方便游客在某些景点或地区上下进出。

9 摩纳哥公国美食

对于爱好精致美食的人，摩纳哥犹如天堂一般，这里独具特色、制作精细的菜肴在世界上其他任何地方都是找不到的。作为世界上最富裕的国家之一，闻名世界的度假胜地摩纳哥更以拥有众多天才厨师和各种餐厅而自豪：这里既有米其林三星评价的奢华餐厅，也有海边价格实惠的小餐馆，吸引了来自世界各地的美食爱好者。

10 摩纳哥公国购物

作为世界名流和富豪的度假胜地，摩纳哥同时也是一个名副其实的奢侈品国际大都市，众多国际时尚大名牌在此落户，市中心著名的"金环"商业区名店林立，高档商品琳琅满目。在摩纳哥购物，店员会派送多色环保袋，并附上编有英语、法语、意大利语和俄语4种语言的《摩纳哥购物杂志》，令游客可以充分感受摩纳哥充满梦幻、愉悦、诱惑的独特魅力。

11 摩纳哥公国娱乐

摩纳哥的夜生活纸醉金迷。而且每年5月，总会有数万人涌进摩纳哥观赏充满快感刺激的F1-级方程式赛车盛事。当游客踏上这片美丽国度的土地之后，每一步都会成为独一无二的经历：珠宝、美食、艺术、美容、水疗，你将会出乎意料地发现蕴藏在其中的诸多精彩之处。

045

法国
攻略HOW

Part.1 巴黎埃菲尔铁塔

位于战神广场的埃菲尔铁塔是法国最知名的景点之一,这座完全由钢架构成的铁塔是世界建筑史上的空前杰作,作为现代工业革命的象征,在纽约帝国大厦出现之前一直是全世界最高的建筑。

法国攻略 | 巴黎埃菲尔铁塔

巴黎埃菲尔铁塔 特别看点!

第1名!
埃菲尔铁塔!
100分!

第2名!
荣军院!
90分!

第3名!
夏乐宫!
75分!

★ 闻名世界的巴黎标志铁塔，法国的象征！

★ 象征第一帝国光辉的金色圆顶，参观拿破仑的陵寝。

★ 弧形造型的美丽建筑，巴黎最迷人的夜景之一！

---

01 埃菲尔铁塔 (100分!)
巴黎的城市标志 ★★★★ 赏

Tips
- Quai Branly,75007 Paris ☎ 01-44112323
- ¥ 1层：4.2欧元；2层：7.7欧元；登顶：11欧元
- ⏰ 9：30—12：30 🚇 乘地铁至Trocadero站，出站即达

于1889年建成的埃菲尔铁塔，是一座位于法国巴黎战神广场上的镂空结构铁塔，得名于设计它的建筑师居斯塔夫·埃菲尔。铁塔设计新颖独特，是世界建筑史上的杰作，也是巴黎乃至法国的标志性景观，被法国人爱称为"铁娘子"。埃菲尔铁塔分为三楼，分别在离地面57.6米、115.7米和276.1米处，其中一、二楼设有餐厅，三楼建有观景台，从塔座到塔顶共有1711级阶梯，很是壮观。塔的4个面上铭刻了72个科学家的名字，都是为了保护铁塔不被摧毁而从事研究的人们。1889年5月15日，为给世界博览会开幕式剪彩，铁塔的设计师居斯塔夫·埃菲尔亲手将法国国旗升上铁塔的300米高空。人们为了纪念他对法国和巴黎的这一贡献，还特意在塔下为他塑造了一座半身铜像。在纽约帝国大厦建成之前，埃菲尔铁塔曾保持世界最高建筑的称号长达45年。这个为了世界博览会而建成的建筑共使用金属制件1.8万多个，总重达7000吨，仅铁塔的设计草图就有5300多张，其中包括1700张全图。现今，历经百年风雨的埃菲尔铁塔依旧巍然屹立在塞纳河畔，是法国人民的骄傲。

02 战神广场

● ● ● 与埃菲尔铁塔合影的绝佳位置　★★★★ 赏

埃菲尔铁塔所在的战神广场曾是法国军队的训练场，之后曾经用作热气球升空、赛马、博览会以及各种国家大型庆典活动的场地。现在，每天都有来自世界各地的游客聚集在战神广场，欣赏屹立在广场上的埃菲尔铁塔，并与铁塔合影留念。

Tips
🚇 Parc du Champ de Mars, 75007 Paris 🚆 乘地铁至Trocadero站，出站即达

03 瑞士村跳蚤市场

● ● ● 专卖高级古董的市场　★★★ 逛

毗邻战神广场的瑞士村跳蚤市场沿街拥有150余家商铺，与一般概念的跳蚤市场不同的是，这里的商家专门经营各种高价古董，其中不乏17世纪生产的路易十四式家具和18世纪拿破仑时代的家具，是喜爱古董的收藏者不可错过的一处市场。

Tips
🚇 78 Avenue de Suffren/Avenue de la Motte-Picquet 🚆 乘地铁6、8、10号线在La Motte Picquet Grenelle站出站

法国攻略　巴黎埃菲尔铁塔

049

04 吉梅博物馆

●●● 欧洲最大的亚洲艺术博物馆 ★★★ 逛

Tips
🏠 6 Place D'Lena,75016 Paris 🚇 乘地铁6号线在Boissiere站下车即可到达 ¥ 6.5欧元

毗邻埃菲尔铁塔的吉梅博物馆是欧洲规模最大的专门收藏、展示亚洲艺术的一家博物馆，收藏了亚洲各国的精美艺术品，其中还单开设有中国、中亚、朝鲜、日本、柬埔寨等展厅，共计4万余件珍贵藏品。在中国展厅可欣赏青铜器、书法、水墨画、瓷器、屏风、饰品等精美艺术品。

05 巴尔扎克纪念馆

●●● 大文豪巴尔扎克的故居 ★★★★ 赏

巴尔扎克纪念馆是一幢建于文艺复兴时期、充满田园风光的建筑，作为大文豪巴尔扎克的故居，这里门前的木牌上至今依旧写有巴尔扎克的名字。经过花园进入纪念馆，首先看到的是《人间喜剧》中的场景和人物雕像，此外还有一尊巴尔扎克的青铜像。在纪念馆内陈列有巴尔扎克及与他同时代的人物画像，以及烛台、手杖和咖啡杯具等遗物。

Tips
🏠 47 rue Raynouard,75016 Paris 🚇 乘地铁在Passy站出站步行10分钟 ☎ 01-55744180 ¥ 3.35欧元

06 国民议会大厦
气势雄伟的波旁王宫 ★★★★ 赏

国民议会大厦是波旁公爵于1722年修建的宅第，迄今已有近300年的悠久历史，现今则是法国国民议会所在地。国民议会大厦由雄伟圆柱构成的希腊神殿式外观气势庄严，拥有议会厅、图书馆等设施，入夜后整幢建筑为柔和的灯光所笼罩，其古典美感颇为引人注目。

> **Tips**
> 🏠 33 bis Quai d，Orsay 🚇 乘地铁12号线在Assemblée Nationale站出站后即可到达 ☎ 01-40636000

07 罗丹美术馆
近距离欣赏《思想者》的独特美感 ★★★★ 赏

自1908年伊始，古典主义时期的最后一位雕塑大师，同时也是现代主义时期的第一位雕塑大师，伟大的奥古斯特·罗丹，便将自己的人生与艺术的最后一站设定在了巴黎，位于费城公园路与22街的交接处，他住在这里一直到1917年去世。临死之前，他将所有的作品全都捐献给了法国政府，而他的故居也就成为今天的罗丹美术馆。

美术馆于1929年正式对外开放，建筑形似一座小小的城堡，花园里散置着《雨果》《接吻》《岩石上的夏娃》等作品，以及令罗丹乃至整个法国最为骄傲的名作——《思想者》。此外，罗丹的一些素描和水彩画作也都列在其间，藏量仅次于巴黎美术馆。进入二楼，更能欣赏他所收藏的雷诺阿、莫奈、梵·高等艺术大师的真迹。倘若你热爱艺术，或者正巧也是一位有志于绘画与雕塑的创作者，那么会有什么理由放过这样一次"亲吻"《思想者》的机缘呢。

> **Tips**
> 🏠 77 Rue de Varenne,75007 Paris ☎ 01-44186110 ¥ 博物馆：6欧元；花园：1欧元 🕘 夏季9：30－17：45，冬季9：30－16：45，周一休息 🚇 乘地铁13号线至Varenne站，出站即达

法国攻略 ▸ 巴黎埃菲尔铁塔

051

08 荣军院

"太阳王"路易十四设立的巴黎残老军人院

Tips

📍 Rond-Point du Bleuet de France, 75007 Paris
💰 8欧元 🕐 10:00—18:00，1月1日、5月1日、12月25日闭馆 🚇 乘地铁8号线至La Tour Maubourg站，下车即达

巴黎荣军院又叫巴黎残老军人院，是法兰西"太阳王"路易十四于1670年设立，用来安置部队中伤残军人及年老退役军人的一所建筑，在建成之初被当时欧洲众多国家群起效法。从1674年10月荣军院接受第一位入院的军人算起，到17世纪末曾有约4000名军人以此为家。住在荣军院内的军人生活作息一如军营，依旧有工作能力的军人负责帮忙制作衣服和鞋子等，而年老和身体伤残的军人则在东南侧的医疗中心接受照顾。直到现今，荣军院依旧为法国军人服务，行使着它初建时收容、安置伤残军人的功能。此外，作为军事博物馆的一部分，巴黎荣军院同时也是多个博物馆的所在地，法兰西帝国始皇帝拿破仑的墓地也在这里。

09 军事博物馆

纵观长达几个世纪的军事史

Tips

📍 129 Rue de Grenelle, 75007 Paris ☎ 01-44423770 💰 7.5欧元 🕐 4月至9月 9:00—18:00；10月至3月 10:00—17:00，每月第一个周一、1月1日、5月1日、11月1日和12月25日闭馆 🚇 乘地铁13号线至Varene站，出站即达

法兰西军事博物馆位于巴黎左岸中心位置，坐落在巴黎荣军院内。军事博物馆由自由法国博物馆、拿破仑墓、第一次和第二次世界大战博物馆、王冠陈列馆、中世纪馆、路易十三馆、兵工厂展览馆、马上狩猎和骑士比武馆、东方馆、大型枪支馆、欧洲馆等一系列博物馆构成，参观博物馆的本身就是对长达几个世纪军事史的纵观。第一次和第二次世界大战博物馆以时间为主线，参观时博物馆地面上标示的年代让我们清晰地走进历史，印象非常深刻。展品涵盖了从1871年到1945年"二战"结束期间的主要武器和丰富的历史资料。博物馆设计也如同其他欧洲博物馆一样具有自己的特色——不仅仅是一个堆放历史资料的仓库，而是将自己的藏品精心陈设摆放。博物馆内的藏品也非常有水准，法国作为两次世界大战的欧洲主战场，其战争藏品有着得天独厚的获取条件，自然就成为博物馆藏品水准的保证。

10 拿破仑之墓
法国皇帝拿破仑的陵寝　　★★★★★ 赏

建于荣军院内的拿破仑墓前身是法王路易十四修建的、准备作为家族墓园的圆顶教堂，其闪耀巴黎天际的金色圆顶壮观美丽，是法国有史以来最优秀的穹顶建筑。1840年，法王路易·菲利普将拿破仑及其军事将领埋葬于此，这里从而成为拿破仑的家族教堂和墓园。

Tips
🏛 Rond-Point du Bleuet de France,75007 Paris 🚇 地铁8号线La Tour Maubourg站下车即可到达 💰 8欧元

11 特罗卡岱罗花园
浪漫的城市公园　　★★★ 赏

1878年，巴黎举办第三届万国博览会时修建了特罗卡岱罗花园。按照拿破仑三世的要求，这里有宽阔的林荫大道，绿色草坪上摆满造型精美的雕塑和喷泉，成为当时法国社会和谐完美的标志。现今的特罗卡岱罗花园依旧安宁祥和，午后阳光明媚时在这里漫步观光，欣赏周围迷人景色，充满浪漫情调。

Tips
🏛 Parvis des Liberts et des Droits de l'Homme,75016 Paris 🚇 乘坐地铁6、9号线在Trocadero站出站即可到达 ☎ 01-44053910

法国攻略　巴黎埃菲尔铁塔

053

12 巴黎流行服饰博物馆

感受时尚之都巴黎的独特魅力

被誉为"时尚之都"的巴黎吸引了全世界各地追求时尚的人们。引领全世界时尚潮流的巴黎拥有最为风情万种的女人，不论身材还是容貌，巴黎女人所散发出来的迷人风韵都吸引了过往的游客。在巴黎流行服饰博物馆内，游客不仅可以了解现今的巴黎流行风尚，更重要的是可以通过博物馆内收藏的超过10万件帽子、鞋子、手套和面具等各种服饰来了解从18世纪到20世纪期间，巴黎曾经流行过什么样的服饰，进而感受这座时尚之都的独有魅力和时尚脉搏。

Tips

- 10 Avenue Pierre 1er de Serbie, 75116 Paris
- 01-56528600
- 7.5欧元
- 10：00—18：00，周二休息
- 乘地铁9号线至Alma-Marceau站，出站即达

13 夏乐宫 75分!

弧形造型的美丽建筑 ★★★★ 赏

Tips
📍 Parvis des Liberts et des Droits de l'Homme,75016 Paris 🚇 乘坐地铁6、9号线在Trocadero站出站即可到达 ☎ 01-44053910 ¥ 海军博物馆6欧元，人类博物馆4.57欧元

与埃菲尔铁塔隔河相望的夏乐宫建于1937年，是一幢为迎接巴黎世界博览会而建的罗马式建筑，中间的小广场将其一分为二，呈现出完美的圆弧形结构，中间共有海军博物馆、人类博物馆、电影博物馆和法国纪念物博物馆四座博物馆和一幢电影图书馆。除了丰富的馆藏，夏乐宫外的露天平台还是欣赏埃菲尔铁塔的最佳观景点，夜晚的埃菲尔铁塔闪耀着金色灯光，和广场上的喷泉交相辉映，是巴黎最迷人的夜景之一。

法国攻略　巴黎埃菲尔铁塔

法国
攻略HOW

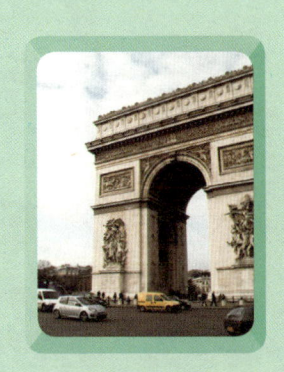

Part.2 巴黎凯旋门

凯旋门位于巴黎的戴高乐广场中央，是1806年为纪念拿破仑打败俄奥联军而建，又被称为雄狮凯旋门，现今已成为巴黎的标志性建筑之一。

巴黎凯旋门 特别看点！

法国攻略 | 巴黎凯旋门

第1名！
凯旋门！
100分！

★ 纪念拿破仑的巴黎标志性建筑，巴黎街道的起点！

第2名！
香榭丽舍大街！
90分！

★ 世界最美丽的街道，巴黎最繁华的街道！

第3名！
丽都！
75分！

★ 极具现代风格的歌舞表演，巴黎夜生活的代表！

---

01 富格
● ● ● 星光闪耀的老牌明星餐厅　　★★★★　吃

位于乔治五世大道转角处的富格是路易·富格在1899年于香榭丽舍大街开办的一家小咖啡馆，据说富格的店名是反映当时的英国潮流。在第一次世界大战期间，富格曾是法军英雄们的聚集地，在20世纪30年代电影业崛起后，当时知名的导演和演员以及制片商也都选择在富格洽谈合作和签约。富格在百余年的历史中，充斥着众多明星的身影，而在1990年，富格开始和各项文艺、历史活动结合，令这家百年老店充满了浓郁的历史文化氛围，吸引了大量游客专程前来。

Tips
🏠 99 Ave. des Champs-Elysees ☎ 01-47235000 🕐 10:00—20:00

02 凯旋门 (100分)

巴黎最具象征意义的地标之一 ★★★★ 赏

Tips
- Place de l'Etoile, 75008 Paris（戴高乐广场中央）
- 01-55377377
- 9欧元，12岁以下儿童免费
- 9月1日至次年6月13日9：30—23：00；6月14日至8月31日9：00—午夜
- 乘地铁1号、2号、6号线或RER A线至Charles-de Gaulle-Etoile站，下车即达

巴黎凯旋门，又叫做雄狮凯旋门，位于法国巴黎的戴高乐广场中央，是拿破仑为了纪念1805年打败俄奥联军，于1806年下令建造的。拿破仑政权被推翻之后，凯旋门工程被中止。波旁王朝被推翻后又重新复工，直到1836年才竣工。

以凯旋门为中心，巴黎12条大街向四周散射，气势磅礴，是欧洲大城市的设计典范。在凯旋门两面门墩的墙面上，有4组以战争为题材的大型浮雕：《出征》、《胜利》、《和平》和《抵抗》。凯旋门四周都有门，门内刻有跟随拿破仑远征的386名将军和96场胜战的名字，门上刻有1792—1815年间的法国战争史。可以乘电梯或登石梯至凯旋门的拱门，石梯共273级。上去后第一站有一个小型的历史博物馆，里面陈列着有关凯旋门的各种历史文物、拿破仑生平事迹的图片，以及法国的各种勋章、奖章。另外，还有两间配有法语解说的电影放映室，专门放映一些反映巴黎历史变迁的资料片。再往上走，就到了凯旋门的顶部平台，从这里可以鸟瞰巴黎名胜。

凯旋门的正下方是1920年11月11日建造的无名战士墓，地上嵌着红色的墓志铭：这里安息的是为国牺牲的法国军人。据说墓中长眠的是在"一战"中牺牲的一位无名战士，他代表着在大战中死去的150万法国官兵。墓前有一盏长明灯，每天晚上这里都会点起不灭的火焰。每逢节日，就有一面10多米长的法国国旗从拱门顶端直垂下来，在无名烈士墓上空招展飘扬。到今天，巴黎人民始终保留着这样的传统：每逢重大节日盛典，一个身穿拿破仑时代盔甲的战士，手持劈刀，守护在《出征》雕像前，鼓舞法国人民为自由、平等、博爱而战斗。每年的7月14日法国国庆节时，法国总统都要从凯旋门下通过；而历任法国总统卸职的最后一天也要来此，向无名烈士墓献上一束鲜花。

03 香榭丽舍大街 (90分)

巴黎最为繁华、浪漫的街道 ★★★★★ 赏

西起戴高乐星形广场，东至协和广场，全长约1800米的香榭丽舍大街，是巴黎最为繁华、浪漫的街道。始建于1616年的香榭丽舍大街，是皇后玛丽·德·梅德西斯将卢浮宫外一处沼泽地改造而成的一条绿荫大道，因此香榭丽舍大街又被称为"王后林荫大道"。"香榭丽舍"这个译名是由徐悲鸿先生在法国留学时所起，既有古典的中国韵味，又充满浪漫的西方气息。

香榭丽舍大街的两端是一些历经沧桑的历史古迹。著名的凯旋门就矗立在大街西段星形广场的中央。大街的西段集中了法国航空公司、法兰西商业信贷银行，以及奔驰、雪铁龙等名牌汽车公司的展厅，此外还汇聚了一些著名的香水店、夜总会和快餐店，可谓商贾云集。东段则是花园锦簇、鸟语花香，协和广场与绿树成荫、艺术气息浓郁的卢浮宫毗邻，呈现出一派恬静自然的风光。街道两边各有10—20米宽的步行道。茂密的梧桐树沿街排列，郁郁葱葱，在夹杂着浓烈的香水味的空气中，使人顿生一种心旷神怡的感觉。

此外，香榭丽舍大街上还保留有两个于1836—1846年修建的圆形喷水池。这两个喷水池模仿了罗马圣彼得广场上的水池风格，造型独特，尤其是在夜晚灯光四射时，水池喷涌、五彩斑斓。喜好夜生活的法国人三五成群地聚集在香榭丽舍街边的咖啡厅或酒吧门前的小桌旁，倾心交谈。一些年轻时髦的金发女郎倚在橱窗边悠闲欣赏，恋人们则在街边相拥漫步。

Tips
- 巴黎市中心西部
- 乘地铁1号、8号、12号线至La Concorde站，出站即达

059

04 贝西区

悠闲漫步的购物之旅 ★★★★ 逛

塞纳河右岸的贝西堤岸在19世纪时曾经是葡萄酒批发商的聚集地。随着运输工具的逐渐发达，昔日塞纳河上的航运业逐渐被陆上和空中交通所取代，贝西堤岸附近也逐渐没落，直到20世纪90年代巴黎政府才开始重新改造贝西堤岸，并将其规划成一处有着成片山形屋顶的时髦商圈——圣艾米丽瓮中庭。在贝西区遍布的大量小店都极具特色，洋溢着艺术气质的品牌agnes b.、法国最大的酒类连锁专卖店Nicolas、提供沐浴和美肤产品的丝芙兰、地中海橄榄油专卖店Oliver&Co.、DIY产品专卖店Loisiret Creation等都可以在这里找到，每一家店都是外观朴素的砖砌建筑。这里适合悠闲漫步，感受不同一般的购物之旅。

Tips
🏠 巴黎市中心

05 Louis Vuitton总店

需要排队的LV总店 ★★★★ 买

位于香榭丽舍大街上的LV巴黎总店门牌号码为101，气势惊人的LV总店高4层楼，营业面积达到1.5万平方米，高达20米的室内中庭华丽而又不失时尚气氛，于2005年10月重新开业后立刻成为香榭丽舍大街上的焦点所在。每天都有来自世界各地的游客汇集在香榭丽舍大街101号门前，甚至需要排队才能进去感受Louis Vuitton这一时尚品牌的风采。

Tips
🏠 101 Avenue des Champs Elysees,75008 Paris ☎ 08-10810010 ⏰ 10:00—20:00，周日 13:00—19:00 🚇 乘地铁至George V站，出站即达

法国攻略 · 巴黎凯旋门

060

06 圣奥诺雷街
● ● ● 巴黎高级时装专卖店最集中的一处　★★★★ 逛

圣奥诺雷街是巴黎高级时装专卖店最集中的一处，这条沿线遍布商铺、被称为"名店街"的大街两侧云集了众多高级时装名店，从时装精品、配饰到化妆品、香水和珠宝等时尚名品应有尽有，吸引了大量对时尚感兴趣的游客在此驻足停步。

Tips
🏠 38 Avenue George V,75008 Paris ☎ 01-53572400

07 丝芙兰
● ● ● 琳琅满目的美容产品　★★★★ 买

作为法国最知名的美容品牌，丝芙兰在法国各地拥有无数分店，而位于巴黎香榭丽舍大街上的这家分店则是最吸引人的一家，店内拥有超过250个品牌、总计1.6万余件商品，不论沐浴、彩妆还是香氛等不同产品都可以轻松找到，为没有特定品牌目标的顾客提供了一处有丰富选择的地方。同时，店内还可将客人购买的商品包装成一份精美的礼品，适合作为礼物馈赠亲友。

Tips
🏠 70 Avenue des Champs-Elysées,75008 Paris
☎ 01-53932250

法国攻略　巴黎凯旋门

必玩 01 雷诺汽车展示中心
展示雷诺经典汽车

雷诺汽车展示中心挑高的展示空间颇为开阔，在一层展示有雷诺公司的运动车和古典汽车，以及众多曾经在比赛中获胜的雷诺赛车；在二层的酒吧餐厅里不仅可以享受美食，还可以在露天区休息小憩，是汽车迷的最爱。

必玩 02 Léon de Bruxelles
知名的海鲜餐厅

在法国颇为知名的连锁海鲜餐厅Léon de Bruxelles以比利时贻贝最受欢迎，除了各种新鲜的海鲜外，店内还有冰凉的啤酒，颇受游客欢迎。

必玩 03 迪斯尼专卖店
可爱的迪斯尼卡通玩偶

香榭丽舍大街的迪斯尼专卖店配合最新上映的迪斯尼动画电影，可以看到众多经典的迪斯尼卡通形象。在专卖店的一层有一个不停播放迪斯尼电影预告片的大屏幕电视，店内的卡通玩偶是最受游客欢迎的商品。

必玩 04 梅隆巧克力坊
坚持手工制作的巧克力坊

梅隆巧克力坊以手工制作的美味巧克力闻名。选用上等可可，并且坚持在烘焙坊制作巧克力，是这家店的美味秘诀。由于从不大量制作，因而这家店的巧克力经常售罄，要特别注意。

必玩 05 Ladurée
最受欢迎的法式甜品店

创办于1862年的Ladurée是一家老字号的法式甜品店，在这里不可错过的是店家的招牌"Macaron"（蛋白杏仁饼干），每天一开门都会聚满排队的人们。

08 蒙田大道
服装界最闪亮的中心地带 ★★★★ 逛

Tips
Avenue Montaigne, 75008 Paris

巴黎是世界公认的奢侈品之都，在众多名店聚集地中，位于巴黎香榭大道区的蒙田大街具有独一无二的地位，有人说世界服装艺术分为两部分——高级定制时装和流行服饰。而巴黎引以为傲的就是精良的高级定制时装。在法国悠久的服装史上，很多著名的设计师都将他们的高级时装总店设在蒙田大街，因此这里成为世界服装界最闪亮的中心地带。从11:00-18:30左右，所有的店铺都会微笑营业。游客在蒙田大道游览，不仅可以领略世界顶级奢侈品的风貌，也可以沿街享受时尚的气息。游客可以到41号吃顿午餐，那里是许多当地人士聚会之地；21号的Relais Plaza是高级时装界的"小食堂"；入夜，可到15号的香榭丽舍大剧院听一场音乐会，然后穿过马路，到6号的剧院酒吧喝上一杯；最后，千万不能错过到Pourcel兄弟担当美食顾问的15号的"白宫"吃上一顿正宗的法式晚餐。

法国攻略 巴黎凯旋门

063

09 阿尔玛广场

缅怀戴安娜王妃 ★★★★ 赏

> **Tips**
> 📍 Pl. et Pont de l'Alma 🚇 乘坐地铁8号线到Invalides站，出站后步行大约15分钟即可到达

修建于拿破仑三世在位期间的阿尔玛广场最醒目的标记就是广场正中金黄色的自由火焰雕塑，其向上燃烧的熊熊火焰代表战争胜利的光荣。毗邻阿尔玛广场附近的地下通道则是英国戴安娜王妃发生车祸殒命的事故现场，现今依旧有许多崇敬戴安娜王妃的人在这里献花悼念。

必玩 ★ 阿尔玛桥
气势恢弘的桥梁

毗邻阿尔玛广场的阿尔玛桥横跨在塞纳河上，其恢弘的气势颇为醒目，是连接巴黎第7区和第8区的重要桥梁，游人在桥上可以一览塞纳河的迷人风光。此外，在阿尔玛桥附近还有Bateaux Mouches水上巴士码头，方便游人乘船一览塞纳河风光。

10 巴黎市立美术馆

巴黎规模最大的市立美术馆

Tips
- 11 Avenue du Président Wilson, 75116 Paris
- 乘坐地铁9号线在Iena站出站即可到达
- 01-53674000

修建于1937年的巴黎市立美术馆于1961年开放，其前身是巴黎世博会时的建筑，现今则是巴黎最大规模的市立美术馆，收藏展示有乔治·鲁奥、杜飞等法国现代艺术家从19世纪30年代直至20世纪初期近百年的优秀作品，可以欣赏到野兽派、立体派、巴黎画派和新写实主义的绘画、家具、立体雕刻等艺术珍品。

11 亚历山大三世桥

独一无二的钢结构桥拱

将香榭丽舍大街和荣军院广场连接起来的亚历山大三世桥，是一座独一无二的钢结构拱桥。1886年，作为当时俄法亲善的礼物，俄皇尼古拉斯二世向法国赠送了一座大桥，并以他父亲的名字命名，是为巴黎著名的亚历山大三世大桥——世界上最美的大桥。

这座全金属结构的大桥坐落在风景如画的塞纳河上，全长约107米。桥上的路灯都以小爱神高高托起，并饰以精致的女神雕像和石雕飞马，左岸的两根立柱上有代表着文艺复兴时期和路易十四时期的法国标志，右岸的立柱上则分别是古代与现代法国的象征性纹饰，是不同时代风格在建筑上的一次完美融合。

Tips
- 7 éme Arrondissement Paris, 75007 Paris
- 地铁8号线至Invalides站，出站即达

法国攻略 | 巴黎凯旋门

065

12 巴黎下水道博物馆

全世界唯一可供参观的地下排水系统 ★★★★ 赏

Tips
Place de la Rsistance,75007 Paris 01-53682781 4欧元 11:00—17:00 乘地铁9号线至Alma-Marceau站，出站即达

19世纪法国文豪雨果在其代表作《悲惨世界》一书中用"在这个世界，巴黎下水道仍是一个神秘场所，如果知道下面是个可怕的大窑，巴黎人会感到不安"这样的句子来描述巴黎的下水道。在雨果的眼中，巴黎的下水道是坟墓，是藏污纳垢的地方，更是不法之徒的避难所。现今，总长2100公里的巴黎下水道却早已成为巴黎最引以为傲的一项伟大工程，同时也是世界上唯一一处可供游客参观的地下排水系统。在这处全世界最负盛名的下水道博物馆内，游客可以了解到巴黎地下排水系统的发展历史，以及19世纪中期那场可怕的大霍乱如何促使曾经肮脏污秽的下水道转变成为现今具有独特观光价值的伟大工程。

13 小皇宫

精致奢华的艺术陈列馆 ★★★★ 赏

由著名建筑师查理·吉罗设计修建的小皇宫博物馆，位于香榭丽舍大街尾端，与大皇宫相对而立，同样是为1900年巴黎主办世界博览会而建。小皇宫围绕一座花园展开，有着圆形拱顶和大面落地玻璃窗，宫内拥有4万余件收藏品，并以大量富丽堂皇的壁画和穹顶画进行装饰，美轮美奂、宏伟而华丽的建筑共耗资7220万欧元。无论从外观还是内在装饰来看，小皇宫都可与大皇宫相媲美。小皇宫博物馆又名"巴黎市立美术博物馆"，常设典藏品展览，免费开放供民众参观。馆内藏品大多来自收藏家的捐赠，19世纪众多重要艺术家的作品都在收藏之列，主要为巴黎的绘画和雕塑，其收藏分为三部分：左翼为古希腊、罗马、埃及的各种艺术品，右翼为家具和装饰艺术品，中间还有印象派和独立派的油画和雕塑。

Tips
158 bd Haussmann,75008 Paris 01-45621159 10:00—18:00，周一休息 乘地铁1号、13号线至Champs-Elysées Clemenceau站，出站即达

14 丽都 (75分!)
纸醉金迷的巴黎夜生活 ★★★★★ 玩

Tips
📍 116 Bis Avenue des Champs-Elysées,75008 Paris ☎ 01-40765610 ¥ 21:30场次100欧元,23:30场次80欧元 ⏰ 21:30、23:30两场 🚇 乘地铁1号线至GeorgeV站,下车即达

久负盛名的"LIDO(丽都)"成立于1946年,与"红磨坊"齐名,坐落于世界上最美丽的大街——香榭丽舍大街上一栋叫做丽都拱廊的商场里,后虽迁址,但仍在香榭丽舍大街上。这里每天上演由75个艺术表演者,以及幕后3000人所打造出来的精致华丽的歌舞秀,共使用600余套服装、40多场道具,厅内座位达千余个,每年吸引着约45万名观众来此欣赏。它以极具现代风格的表演,展现了丽都沿袭下来的久负盛名的表演传统。绚丽的丽都之夜,一场场令人叹为观止的奇妙演出,使人们沉浸在美妙世界中。丽都的歌舞秀,与这条世上最美的林荫大道相互衬托,互为特色。这里融洽的气氛不分国界,各国游客云集,各地文化汇聚。热闹的氛围,让人眼花缭乱的街区,聚集着全世界的目光。无论是效果完美的剧场、豪华的装饰、精彩绝伦的舞台表演、奢华的演出服、壮观的音乐,还是令人震惊的特效,都会为每一位来宾带来一份难得的体验。

15 戴高乐广场
巴黎著名景点之一 ★★★★ 赏

集12条林荫大道于一点的戴高乐广场原名为星形广场,是巴黎著名景点。广场位于法国巴黎的市中心、塞纳河之北。12条大道自此辐射延伸,汇集了凯旋门、香榭丽舍大街以及埃菲尔铁塔等举世闻名的景点。

Tips
📍 巴黎市中心西部 🚇 乘地铁1号、2号、6号线或RER A线至Charles-de Gaulle-Etoile站,下车即达

16 马摩坦美术馆
全世界规模最大的莫奈作品收藏馆 ★★★★ 赏

被誉为全世界规模最大的莫奈作品收藏馆的马摩坦美术馆隐匿于幽静小巷之中,其前身是艺术家保罗·马摩坦的宅第。1932年马摩坦将此建筑与个人藏品一同捐献给法国艺术学院,之后莫奈之子也捐赠了大量莫奈作品。美术馆内除了莫奈创作的系列作品《睡莲》外,还有被誉为印象派之起源的《日出·印象》,以及其他印象派画家的众多作品。

Tips
📍 2 Rue Louis Boilly 🚇 乘地铁9号线在La Muette站出站后步行即可到达 ☎ 01-44965033 ¥ 8欧元

法国
攻略HOW

Part.3 巴黎卢浮宫

位于塞纳河北岸的卢浮宫始建于1204年，最初是菲利普·奥古斯都二世修建的城堡，拿破仑在位时曾将欧洲各国的艺术品搬进卢浮宫收藏。现今的卢浮宫是世界上最古老、最大、最著名的博物馆之一，收藏有40多万件来自世界各国的艺术珍品。

巴黎卢浮宫 特别看点！

法国攻略　巴黎卢浮宫

第1名！
卢浮宫！
100分！
★ 举世闻名的艺术宝库，欣赏世界各国的艺术珍品！ 

第2名！
协和广场！
90分！ 
★ 经历无数风风雨雨的广场，巴黎的地标性建筑之一！

第3名！
骑兵凯旋门！
75分！ 
★ 罗马风格的小凯旋门，巴黎建筑的杰出成就之一！

---

01 卢浮宫　100分！

世界上最大、最古老、最著名的博物馆之一　★★★★★ 赏

Tips
🚇 Mo Palais-Royal/musée du Louvre, 75001 Paris ☎ 01-40205050 ¥ 9欧元，15:00之后，周六全天5欧元，每月第1个周日免费 🕐 周一至周三9:00—22:00，周四至周日9:00—18:00，周二闭馆，节假日闭馆 🚇 乘地铁1号、7号线至La Palais Royal Musée du Louvre站，下车即达

卢浮宫位于巴黎市中心的塞纳河岸，历经了800多年的扩建和重修才达到今天的规模。始建于1204年的卢浮宫最初只是菲利普·奥古斯特二世修建的城堡，查理五世时期，卢浮宫被作为皇宫。后来拿破仑一世搬进这里，他以前所未有的方式装饰卢浮宫，把欧洲其他国家所能提供的最好的艺术品搬进了这里，并将其更名为拿破仑艺术馆。

现今的卢浮宫整体建筑呈"U"字形，分为新、老两部分，分别修建于法王路易十四和拿破仑时代，共收藏有40多万件来自世界各国的艺术珍品。法国人将这些艺术珍品根据其来源地和种类分别在六大展馆中展出，即东方艺术馆、古希腊及古罗马艺术馆、古埃及艺术馆、珍宝馆、绘画馆、雕塑馆。其中绘画馆的展品最多，占地面积也最大。藏品中有被誉为"世界三宝"的雕像《维纳斯》、油画《蒙娜丽莎》和石雕《胜利女神》，更有大量希腊、罗马、埃及及东方的古董，还有法国、意大利的远古遗物。

必玩 01 蒙娜丽莎的微笑
魅惑世人的神秘微笑

《蒙娜丽莎》是文艺复兴时期最著名的画家达·芬奇所作的画像，是卢浮宫三大镇馆之宝之一。画中的蒙娜丽莎坐姿优雅，嘴角边一丝"神秘的微笑"一直都为人们所称颂。画面背景中的风景朦胧而有致，使得人像在其衬托下更为脱俗。这幅画代表了达·芬奇绘画艺术的高峰，是全人类绘画历史上永恒的瑰宝。

必玩 02 断臂维纳斯
断臂的"完美之美"

《维纳斯》是卢浮宫中所藏的最著名的雕像之一，是由希腊米洛斯岛的农民伊奥尔科斯在地里发现的。这尊雕像线条优美，造型高贵，将人体最美丽的部分全都展示了出来。其最出名之处便是它残缺的双臂，双臂断掉的原因至今已不可考。但正是因为这尊雕像失去了双臂，给人以无限的想象空间，才被人们誉为"完美之美"。

必玩 03 迦拿的婚礼
充满世俗感的圣经故事

《迦拿的婚礼》是意大利画家委罗内塞的作品，这幅画以《约翰福音》中所记载的耶稣和他的门徒参加的一场婚礼为内容。画中人物共有130多人，画家毫不吝惜空间地将他们分为三个层次，将耶稣安排在最中央，所有人的目光都集中在他身上。绘画的内容也脱离了宗教主题，人物中甚至还画上了英国女王、法王法兰西斯一世、画家提香、丁托列托和画家本人，使得这场面更增添了不少世俗感。

必玩 04 拿破仑的加冕
达维特的代表作

《拿破仑的加冕》是法国著名画家达维特的代表作，表现了拿破仑一世在巴黎圣母院加冕为皇帝的场面。画中刻意回避了拿破仑抢过皇冠自己为自己加冕的场景，着重于典礼的后半段。身着华服的拿破仑位于画面的正中，已经戴上了皇冠的他手持一顶小皇冠为他的妻子约瑟芬戴上。整个场面气氛庄严，人物多达数十人，他们的衣着和表情各不相同，体现了画家无与伦比的卓越才能。

法国攻略 | 巴黎卢浮宫

071

必玩 05 萨莫色雷斯的胜利女神
古代雕塑的最高杰作

这座胜利女神像完成于公元前190年，是卢浮宫内三件镇馆之宝之一。这座雕像造型精美绝伦，身上迎风而起的衣襟形象逼真。女神宛如从天而降，张开双臂迎接凯旋的勇士们。虽然雕像的头部早已不知所踪，但是整座雕塑散发出来的活力依然让人感叹不已。

必玩 06 岩间圣母
达·芬奇全盛期到来的象征

《岩间圣母》是达·芬奇的另一幅名作，是代表他的艺术达到顶峰的标志。这幅画的内容取自《新约全书·马太福音》第三章"耶稣受洗"的故事。画的正中央是圣母玛利亚，左右分别为尚是婴儿的耶稣与圣约翰，耶稣身后有一个天使。画面布局规整，科学地采用了写实、透视、缩形等技法，预示着达·芬奇的绘画水平已臻化境，作为画家的全盛期已经到来。

必玩 07 宫女
独特的人体画风

《宫女》是法国绘画大师安格尔的作品，整幅画中渗透出来的安详静谧的和谐氛围完全凸显了作者"清高绝俗，庄严肃穆"的画风。画面的布局就好像用数字精心计算过一样，增减一分都会造成整体的破坏。画面上的人体虽然和当时的主流艺术格格不入，但是具有自己独特的魅力，是安格尔这位大家自我画风的极佳展示。

必玩 08 施洗者约翰
达·芬奇作品中的异类

《施洗者约翰》也是达·芬奇的作品，画面上背景为黑色，施洗者约翰半身隐藏在黑暗之中，只能看到头、右肩、右手等部位。人物形象俊美，一头长发，一手持十字架，一手指向天空，脸上露出狡黠而神秘的笑容。虽然画作的内容很常见，但是这样的构图和描绘手法却极为罕见，在达·芬奇的作品中也不多见。

必玩 09 垂死的奴隶
米开朗基罗的代表作

《垂死的奴隶》是文艺复兴时期伟大的艺术家米开朗基罗的作品。米开朗基罗那出色的艺术感觉和对人体的把握能力在这尊作品上尽显无遗。整个雕塑完美地表现了一个遭受痛苦而奄奄一息的奴隶形象，他仿佛正在开始动作，想要摆脱身体上的束缚。人物形体优美而典雅，刀法细腻，线条丰满，栩栩如生，好像拥有灵魂一般。

必玩 10 拿破仑三世套房
奢华气派的房间

拿破仑三世套房虽然冠以拿破仑三世的名字，但是作为皇帝的他却从来没有在这里居住过，这里的主人事实上是当时的总务大臣。但是这座房间以其精美的装饰而代表了拿破仑三世时期法国的艺术风格。壮丽的彩绘天花板和镶金雕刻、华丽的吊顶水晶灯、天鹅绒的桌布等都显示了非凡的气派，装饰之丰富和奢华都令人叹为观止。

必玩 11 大狮身人面像
埃及之外最大的狮身人面像

大狮身人面像最早发现自埃及的塔尼，是目前在埃及境外所保存的最大的狮身人面像，是卢浮宫内展示的古埃及文明的代表作品之一。这座狮身人面像采取的是神话中斯芬克斯的传统造型，但是脸部却使用了当时法老的形象，表情庄严而肃穆，而身体则表现出了狮子的强健和敏捷，堪称古埃及艺术文化的最高杰作。

法国攻略　巴黎卢浮宫

073

法国攻略 巴黎卢浮宫

必玩 12 汉谟拉比法典
最早的成文法典

《汉谟拉比法典》是目前已知最早的成文法典，3500行文字刻在一根高2.25米、上周长1.65米、底部周长1.90米的黑色玄武岩柱上。其内容涵括了诉讼程序、保护私产、租佃、债务、高利贷和婚姻家庭等诸多方面，可谓细致入微。此法典是古巴比伦王汉谟拉比治世时期所制定的，对现在的法律制定依然有着很重要的意义。

必玩 13 卡塞尔卢浮购物廊
购买卢浮宫纪念品

从卢浮宫玻璃金字塔下的拿破仑中庭左转即可来到卡塞尔卢浮购物廊，这里拥有众多经营卢浮宫纪念品的商店，各种卢浮宫馆藏艺术珍品的复制品几乎都可以在这里买到，此外还设有一间邮局，可以购买价值不菲的卢浮宫纪念邮票。

02 旺多姆广场
巴黎最顶级的珠宝中心 ★★★★ 逛

位于巴黎老歌剧院与卢浮宫之间的旺多姆广场是巴黎著名的广场之一，因旺多姆公爵的府邸坐落在这里而得名。建于1683年的旺多姆广场呈八角形，广场中央高44米的青铜柱是旺多姆广场上的焦点，铜柱上的拿破仑雕像是拿破仑为了纪念在奥地利的胜利而于1806年所建。铜柱里面有楼梯，可以登上到最高的平台，铜柱外边包的425块青铜片，来自缴获的奥地利与俄罗斯军队的1250门大炮，铜片上雕着获胜的战场浮雕，一代枭雄拿破仑雕像就站在最高处。而法国最奢华的丽兹饭店也在广场的一角，当年戴安娜王妃就是从这家饭店出来后遭遇不测的。此外，旺多姆广场是巴黎最顶级的珠宝中心，号称"巴黎珠宝箱"，法国最高级的珠宝品牌都在这里设立专卖店，橱窗里陈列着金光闪闪、琳琅满目的珠宝首饰，吸引了众多过往游客的目光。

Tips
Place Vendome Paris,75009 Paris 乘地铁3号、7号、8号线至Opera站，下车即达

03 王宫
路易十三时期的王宫 ★★★★★ 赏

Tips
📍 Place du Palais Royal

巴黎王宫建于17世纪，原本是法国历史上著名的政治家黎塞留的住宅，他在去世之前将这里送给了法王路易十三。在经历了多次扩建和改建后，如今成了法国议会、宪法法院和文化部所在地。王宫规模宏大，廊下还有近百根圆形石柱环绕，沿着这些双柱廊可以进入著名的王宫花园，这座美丽的花园里到处都是美丽的雕像，还有两个巨大的石柱。

04 艺术桥
巴黎最浪漫的桥 ★★★★ 赏

由拿破仑1804年下令修建、专供行人通过的艺术桥连接了法兰西学院与卢浮宫，它同时也是塞纳河上第一座金属铁铸桥身的步道桥，被誉为"最浪漫的巴黎之桥"。漫步在木板搭建的艺术桥上，感觉整座桥都散发着悠闲浪漫的巴黎气息，有时还可以看到在桥上钓鱼的人或是两两相依的情侣，在此远望西堤岛与新桥的美丽风光。美丽的塞纳河与两岸优雅的建筑相映生辉，为这座浪漫的铁桥增色不少。

Tips
📍 Pont des Arts,75001 Paris ☎ 08-92683000 💰 免费 🕐 全天 🚇 乘地铁4号线至St. Germain des Pres站，出站即达

05 莫里哀喷泉
纪念伟大戏剧家莫里哀的喷泉 ★★★★★ 赏

莫里哀喷泉位于巴黎市内的法兰西喜剧院附近，是由曾经设计过拿破仑墓的著名建筑师威斯康提所设计。在喷泉中央有一座莫里哀的全身雕像，是著名雕刻家普拉迪艾所作。整座喷泉和周围的环境相当融合，而莫里哀作为一位文学大师的成就也使得人们对这里充满了敬仰。

Tips
📍 Rue Molière路口

法国攻略　巴黎卢浮宫

075

06 | 骑兵凯旋门 (75分!)

英挺威武的小凯旋门 ★★★★★ 赏

巴黎市内拥有众多大大小小的凯旋门，骑兵凯旋门就是其中的一座。它本来是杜乐丽花园的主要入口，然而在法国大革命爆发期间，杜乐丽宫被焚毁，只留下了杜乐丽花园和骑兵凯旋门这两处遗迹。整个骑兵凯旋门展现出了浓郁的罗马风格，与戴高乐广场上的凯旋门相同，均是以拿破仑盛世和战争作为主要题材而修建的，但其规模较小，被人们称为"小凯旋门"。骑兵凯旋门的顶端并不像大凯旋门那样可以上去，不过上面却有着英勇威武的骑兵雕像。

现今，穿过骑兵凯旋门后，仍是杜乐丽花园的入口。骑兵凯旋门的两侧分别高耸着8根科林斯式石柱，门前与门后则有6尊浮雕，门楣正中是六位拿破仑时代的士兵，庄重肃穆，而最中央的拿破仑雕像是后来才加上去的，用以歌颂拿破仑的伟绩。在门的顶端还有几匹青铜骏马雕像，旁边更有镀金的胜利女神像，昭显着和平，惟妙惟肖。

Tips
🏠 Place du Carrousel, 75001 Paris 🚇 乘地铁1号、7号线至Palais Royal Musée du Louvre站，出站即达

07 | 协和广场 (90分!)

经历无数风风雨雨的广场 ★★★★★ 赏

协和广场位于巴黎市中心，历经了数次大规模扩建，于1840年形成了现在的规模。协和广场曾经经历了众多的历史事件，法国大革命时期法王路易十六就是在这里被开刀问斩的。在广场的四面八方分别矗立着代表19世纪法国最大的八个城市的雕像，分别是鲁昂、布雷斯特、里尔、斯特拉斯堡、波尔多、南特、马赛、里昂。此外，在广场上还有路易十五的塑像、方尖碑和多座喷泉，是巴黎的地标性建筑之一。

Tips
🏠 Place de la Concorde 🚇 乘地铁1号、8号、12号线在La Concorde站出站

08 杜乐丽花园

典型的法国花园

与卢浮宫、香榭丽舍大街、凯旋门连成一条轴线的杜乐丽花园，介于卢浮宫与协和广场之间，平行于塞纳河右岸，是典型的法国花园。

这里原是皇后麦迪奇的私产，后改建成杜乐丽宫。杜乐丽宫一直都是皇帝、皇后的寝宫，也是皇帝大摆宴席宴请宾客的地方，因此华丽不凡。但在凡尔赛宫落成之后，皇帝迁出，这里曾一度被冷落。直至1798年法国大革命爆发，巴黎市民强制路易十六从凡尔赛宫搬出，住进杜乐丽宫时，这里才再次有了皇家的踪迹，但此时的皇宫也充满了血腥的味道。杜乐丽宫曾沦为国家议坛，成为权谋家的决战场，也曾成为保皇派与倒皇派的战斗场所。后来，杜乐丽宫被五月人民公社的战争之火烧毁，最终只剩下这座花园。现今，杜乐丽花园内矗立着多尊青铜雕塑作品，气氛庄严肃静，有"露天博物馆"之称。

Tips

Jardin des Tuileries,75001 Paris 01-44778007 冬季7：00—19：30，夏季7：00—21：00 乘地铁1号线至Tuileries站，出站即达

法国攻略 巴黎卢浮宫

法国
攻略HOW

Part.4
巴黎加尼耶歌剧院

始建于1861年的加尼耶歌剧院最初名为皇家歌剧院，被公认为法兰西第二帝国最负盛名的建筑杰作，世界知名的舞台剧《歌剧院魅影》就是以19世纪的加尼耶歌剧院作为故事背景。

法国攻略

巴黎加尼耶歌剧院

巴黎加尼耶歌剧院 特别看点！

第1名！
加尼耶歌剧院！
100分！

★ 世界级的歌剧院，《歌剧院魅影》的故事背景！

第2名！
老佛爷百货！
90分！

★ 巴黎流行时尚的发源地，巴黎最负盛名的百货商场！

第3名！
巴黎春天百货！
75分！

★ 巴黎最大的百货公司！

01 加尼耶歌剧院　(100分！)
●●● 法国上流社会欣赏歌剧的场所　★★★★★ 娱

　　加尼耶歌剧院又名巴黎歌剧院，以建筑师沙尔勒·加尼耶的姓氏命名，是法国上流社会欣赏歌剧的场所。早在17世纪时，意大利歌剧风靡整个欧洲，就是在这一时期，法国吸取了意大利歌剧的经验，创造出具有本国特色的歌剧艺术。1667年，法国国王路易十四批准建立法国第一座歌剧院，由佩兰、康贝尔和戴苏德克负责建造了巴黎歌剧院的前身——皇家歌剧院，不幸的是，皇家歌剧院1763年毁于大火。1860年，年仅35岁的沙尔勒·加尼耶承担了新歌剧院的设计重任。1875年，新的歌剧院建成，这是举世公认的第二帝国时期最成功的建筑杰作。游客甫一进入歌剧院，马上就会被壮观的大楼梯所吸引，大理石楼梯在金色灯光的照射下更加闪亮，据说是被当时贵族仕女的衬裙擦得光亮，可以想象歌剧院当时的盛况。大楼梯上方天花板的壁画上描绘着许多寓言故事。歌剧院内有全世界最大的舞台，演出大厅的悬挂式分支吊灯重约8吨。休息大厅装修得富丽堂皇，四壁和廊柱布满巴洛克式的雕塑、挂灯、绘画，有人说这里豪华得像一个首饰盒，装满了金银珠宝。加尼耶歌剧院的艺术氛围十分浓郁，是观众休息、社交的理想场所。此外，歌剧院的地下有一个容量极大的暗湖，湖深6米，每隔十年剧院就要把这里的水全部抽出，换上清洁的水。

Tips
🏠 120 Rue de Lyon, 75012 Paris　☎ 01-40011789　💰 6欧元　🕙 10:00—17:00　🚇 乘地铁3号、7号、8号线至Opera站，出站即达

02 狡兔之家
巴黎最古老的酒馆之一

Tips
📍 22 Rue des Saules,75018 Paris ☎ 01-46068587 🕐 21:00起 🚇 乘地铁12号线至Lamarck-Caulaincourt站，出站即达

外观雅致平实的狡兔之家宛如一间被精心装扮过的普通房舍，虽然店面不大，但这间名列巴黎最古老酒馆之一的狡兔之家却吸引了全世界的游客不远万里前来拍照留念。历史上众多鼎鼎有名的艺术大师，诸如毕加索、布拉克、尤特里洛、阿波利索尔等人在名不见经传时都曾聚集在狡兔之家饮酒就餐，身无分文的时候，他们还会用作画的方式来付账。而据说那位爱好艺术的酒馆老板曾经在拍卖会上将毕加索拿来抵做酒钱的画作拿去拍卖，结果竟然换来了4000万美金。现今的狡兔之家虽然不再有那些付不起酒账的大师们坐在里面饮酒谈天，但那些当时留下来的作品却依旧悬挂在店内，每天从早到晚都有无数游客拍照留念，感受这间小酒馆内浓郁的艺术气息。

03 和平咖啡馆
巴黎右岸最知名的咖啡馆

Tips
📍 12 Boulevard des Capucines,75009 Paris ☎ 01-40073636 🕐 10:00—次日1:00 🚇 乘地铁3号、7号、8号线至Opera站，出站即达

巴黎最著名的老咖啡馆大多聚集在左岸，而塞纳河右岸最知名的咖啡馆则是成立于1862年的和平咖啡馆。经历过巴黎的繁华和战火洗礼的和平咖啡馆如今依旧人气极高，在咖啡馆内除了品尝咖啡外，还可以享受美味的法国料理。历史上的和平咖啡馆同左岸知名的老咖啡馆一样吸引了众多文人、哲学家和艺术家，此外还有很多政治人物也颇喜欢这里富丽堂皇的奢华氛围，从戴高乐开始，历任法国总统都喜欢来和平咖啡馆小憩片刻。

巴黎加尼耶歌剧院

04 巴黎春天百货 75分!
巴黎规模最大、最瑰丽的百货公司 ★★★★★ 逛

与老佛爷百货齐名的巴黎春天百货是世界顶级的时尚用品零售业集团，总部位于法国巴黎，是当今游客赴巴黎旅游必去的购物地。位于加尼耶歌剧院后奥斯曼大道的巴黎春天百货是巴黎第一家率先采用电力照明的百货公司，而它那以3185块玻璃组合而成的圆形屋顶，是20世纪20年代"新艺术"的代表作之一。在商场内有超过200种化妆品、保养品和香水等美容用品，人们耳熟能详的奢华时装品牌也都可以在这里找到，男装部还设有专为男士服务的Nickel SPA。

Tips
9 ème Arrondissement Paris,75009 Paris 01-45262047 9:35—19:00，周日休息 乘地铁7号、9号线至Chaussée d'Antin La Fayette站，出站即达

05 我的勃艮第
美味的勃艮第料理 ★★★★ 吃

开业于1865年的我的勃艮第餐厅以传统的勃艮第与法国中部地方菜而闻名，如勃艮第香芹奶油烤蜗牛、博若莱地区的特产香肠、丁骨牛排以及用生牛肉经过调味做成的巴黎名菜大肉饼——Beef Tartar等，都深受当地居民推崇。我的勃艮第餐厅内的主厨来自法国西南部的Aime Cougoureux地区，坚持着"新鲜食材也是料理佳肴最基本的重要原则"，每天大清早就奔波在巴黎的各大市集中采购新鲜的料理食材。在清早的晨光中坐在我的勃艮第，品尝一顿丰盛可口的美味早餐，也是颇具诱惑的享受。

Tips
133 Boulevard Haussmann,75008 Paris 01-45635061 8:00—次日1:30 乘地铁至Saint-Paul站，下车即达

06 老佛爷百货 （90分!）
百年历史的法国百货老店 ★★★★★ 逛

巴黎老佛爷百货被当地人称为"拉法耶特商场"，据说是以法国近代政治家"拉法耶特"的名字命名的。中文从"拉法耶特"变成"老佛爷"，最早应该出自港台的音译，时间一久，人们反倒忘记了拉法耶特商场的原名，而略带古怪滑稽的"老佛爷"的名字便在华人世界传播开来。

早在19世纪末，老佛爷百货就坐落在巴黎的奥斯曼大道。今天的老佛爷百货早已不仅是一家百货公司，更是巴黎时尚文化的缩影和策源地。这里之所以经久不衰，不仅因为它拥有世界上几乎所有的时尚品牌，还因为其全球眼光和文化视野。它不仅发扬了法国的文化，而且也吸纳了博大精深的东方文化，从十多年前的一个图片展开始，巴黎老佛爷百货公司就形成了每年庆祝中国春节的传统，并且活动规模越来越大，已经形成了固定的商业黄金周。商场的另一个招数就是特别重视小顾客，以便为将来拓展顾客群打下基础。每年圣诞节来临之前，老佛爷百货都会针对孩子设计一个童话故事主题，这已经成为老佛爷百货最突出的特色。

Tips
🏠 40 Boulevard Haussmann, 75009 Paris
☎ 01-42827085 🕘 9:30—19:30，周日休息
🚇 乘地铁7号、9号线至Chaussèe d'Antin La Fayette站，出站即达

07 Fauchon
法国精致美食的代名词 ★★★★ 吃

位于马德莱娜广场的Fauchon毗邻马德莱娜教堂，教堂周围除了大文豪普鲁斯特的故居外，还林立着众多高级食品店，开业于1886年的Fauchon则是其中最为知名的一家。Fauchon最初只是一家流动的蔬菜摊，1886年时颇具生意头脑的老板创立了名为Fauchon的店面，至今已经拥有100余年的悠久历史，食客在Fauchon内可以购买到果酱、茶叶、饼干、糖果、香料、美酒，甚至熏香蜡烛、围裙和桌巾等与饮食相关的商品。作为巴黎精致美食的代表，Fauchon还特别开设了一家可以品尝美味餐点的豪华沙龙，大文豪普鲁斯特最喜爱的马德莱娜蛋糕则是每一个来到Fauchon的人不可错过的经典美食之一。

Tips
🏠 24-26-30, Place de La Madeleine ☎ 01-70938000 🕘 9:00—21:00

法国攻略 — 巴黎加尼耶歌剧院

08 赫迪亚
世界闻名的高级食品老店 ★★★★ 吃

创立于1854年的赫迪亚前身是19世纪法国知名的香料进口商，现今则已成为世界闻名的一家高级食品店。在赫迪亚可以买到果酱、茶叶、芥末、饼干、葡萄酒、进口香料、法国糕点、熟食、蔬菜水果和食用油等种类繁多的食品，是巴黎人最喜爱的一家食品店。

> **Tips**
> 21 Place de La Madeleine 乘地铁在La Madeleine站出站后步行大约5分钟即可到达 01-43128888

09 马德莱娜教堂
巴黎最著名的教堂之一 ★★★ 赏

1764年，为庆祝拿破仑军队凯旋而修建了马德莱娜教堂。这是一幢希腊神庙风格的宏伟建筑，有52根科林斯式大圆柱，是巴黎最著名的教堂之一。马德莱娜教堂正面廊柱上雕饰有《最后的审判》浮雕图案，门面上则有《圣经·十诫》浮雕。这座教堂最大的特色是没有竖立十字架，也没有修建钟楼和彩绘玻璃。众多游人会专程来访。

> **Tips**
> 14 Rue de Surne, 75008 Paris 乘地铁在La Madeleine站下车即可到达 01-44516917

10 马德莱娜广场
新古典主义风格的广场 ★★★ 逛

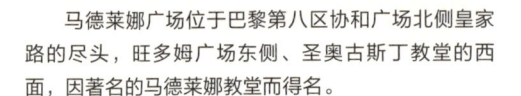

马德莱娜广场位于巴黎第八区协和广场北侧皇家路的尽头，旺多姆广场东侧、圣奥古斯丁教堂的西面，因著名的马德莱娜教堂而得名。

> **Tips**
> 巴黎第八区协和广场北侧皇家路的尽头 乘地铁至Madeleine站，下车即达

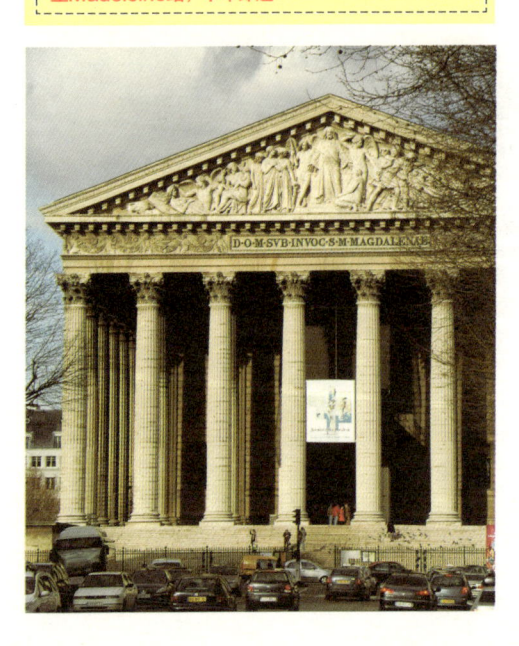

11 米其林专卖店
米其林吉祥物商店 ★★★★ 买

米其林专卖店毗邻加尼耶歌剧院，在上下两层楼的营业空间内几乎随处可以看到米其林轮胎人的身影，各种有米其林形象的特色商品和世界著名的《米其林餐饮指南》都是这里最受欢迎的商品。

> **Tips**
> 32 Avenue de l'Opéra 乘地铁14号线在Pyramides站出站后步行即可到达 01-42680500

12 爱丽舍宫
● ● ● ● 法国总统官邸　★★★★★ 赏

Tips
📍 55 Rue du Faubourg Saint-Honor,75008 Paris　☎ 01-42928100　🚇 乘地铁至Saint-Philippe-du-Roule站，下车即达

建于1718年的爱丽舍宫是法国总统的官邸，与美国的白宫、英国的白金汉宫以及俄罗斯的克里姆林宫同样闻名遐迩，是法国最高权力的象征。爱丽舍宫的前身是戴弗罗伯爵的住宅，又称为戴弗罗公馆，虽然几易其主，但长期都为达官贵人所享用。拿破仑的妹夫缪拉元帅于1805年购得这座公馆，大肆装修后更名为爱丽舍宫。1873年任总统的麦克马洪于1879年1月22日颁布法令，正式将爱丽舍宫确定为总统府并延续至今，现在则常作为法国政府的代称。

由大石块砌成的爱丽舍宫分为两层，主楼左右对称的两翼是两座平台，中间环抱着庭园，外形朴素庄重。宫殿后部是座幽静、秀丽的花园。爱丽舍宫内金碧辉煌，主楼二层是法国总统办公和生活的地方。底层各客厅用作会议厅、会见厅和宴会厅，厅内陈设仍保持旧时模样。每间房屋墙壁上都有镀金细木装饰，墙上悬挂著名的油画和精致的挂毯，四周陈设着17—18世纪的镀金雕刻家具和珍奇艺术品，以及金光闪闪的座钟和大吊灯，宛若一座博物馆。

13 Rue du Faubourg St-Honoré
● ● ● ● 将世界名品一网打尽的名店街　★★★★ 逛

Rue du Faubourg St-Honoré是一条汇集了众多世界知名品牌的名店街，沿街林立着HERMÈS、MAX MARA、CD、CARTIER、GUCCI等世界知名品牌的精品店，是追求时尚、喜欢名牌商品的人们不可错过的血拼之街。

Tips
📍 Rue du Faubourg Saint-Honoré　🚇 乘地铁1号、13号线在Champs-Elysées Clemenceau站出站步行10分钟可达

法国攻略　巴黎加尼耶歌剧院

085

法国攻略

巴黎加尼耶歌剧院

必逛 01 MONT BLANC
世界知名的高级文具

MONT BLANC以高级文具用品闻名世界，在这里可以购买到钢笔等办公用品、公文包和手表，以及眼镜和香水等商品。

必逛 02 CARTIER
殿堂级珠宝品牌

创立于1874年的CARTIER在140多年的时间里，一直是上流社会与欧洲诸多王室最钟爱的殿堂级珠宝品牌，三环戒、坦克腕表和LOVE铂金真爱戒指都是这里最受欢迎的招牌商品。

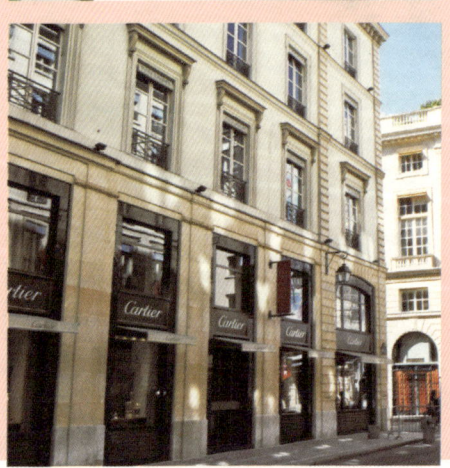

必逛 03 GUCCI
时尚的知名品牌

以创办人Guccio Gucci的姓氏命名的GUCCI是世界知名的高档奢侈品牌，现今在时尚界重新获得关注，这间位于Rue du Faubourg St-Honoré的店内人流如潮。

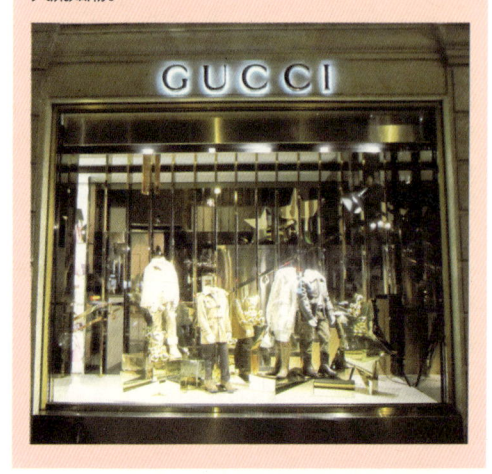

必逛 04 CHANEL
女性最喜爱的时尚品牌

位于Rue du Faubourg St-Honoré的CHANEL总店是一幢纯白色外观的建筑，店内装饰高贵典雅，不论女装、男装、运动品牌，还是香水、化妆品、饰品等，都可以在这里买到。

必逛 05 HERMÈS
低调奢华的品牌

HERMÈS以低调奢华而闻名，这间店铺设计简洁，店内最受顾客欢迎的就是设计高雅大方的HERMÈS手袋。

必逛 06 LANCÔME
贴心提供护肤咨询

位于Rue du Faubourg St-Honoré的LANCÔME以贴心提供护肤咨询而闻名，店内设有专门的接待室和美容室，除了可以购买彩妆和保养品外，还可在美容室做护肤疗程。

14 迪贝莱广场
● ● ● 青春洋溢的城市广场　　　　　　　　　★★★★ 逛

Tips
🏠 Place Joachim du Bellay　🚇 乘地铁1号、4号、7号、11号、14号线至Chatelet站，出站即达

毗邻乔治·蓬皮杜中心的迪贝莱广场上，经常聚集着大量打扮时尚的青少年，他们在这里聊天、聚会或是玩滑板。迪贝莱广场上最为引人注目的就是这里历史悠久、外观典雅，由著名建筑师雷斯克与雕刻家古戎合力于1546—1549年用石头建成的多层次喷水池，被称为"无邪喷泉"。喷泉最初曾被安置在圣丹尼斯大道，直到迪贝莱广场建成后才搬到现今的位置。

法国攻略

巴黎加尼耶歌剧院

087

法国
攻略HOW

Part.5 巴黎圣母院

　　作为巴黎最古老的建筑之一，雄伟庄严的巴黎圣母院是哥特式建筑的代表。巴黎圣母院经常举办各种重大典礼活动，如宣读1945年第二次世界大战胜利的赞美诗，以及1970年法国总统戴高乐将军的葬礼等均在此举行。

法国攻略 | 巴黎圣母院

巴黎圣母院 特别看点！

第1名！
巴黎圣母院！
100分！
★ 巴黎风光的象征，巴黎最古老的建筑之一！

第2名！
蓬皮杜文化艺术中心！
90分！
★ 展示法国现代艺术作品的地方，独特的后现代主义建筑！

第3名！
西岱岛！
75分！
★ 巴黎城的发源地，宁静安详的气息！

---

01 塞纳河
流经巴黎的法国第二大河 ★★★★ 赏

　　塞纳河是流经巴黎市中心的法国第二大河，同时也是欧洲具有历史意义的大河之一。自中世纪初期以来，塞纳河就一直是巴黎之河，巴黎城就是在塞纳河一些主要渡口上逐渐建立起来的。

　　塞纳河发源于距离巴黎东南约275公里、海拔470多米的一片石灰岩丘陵地带，在溪流上游一处山洞内安置着一尊神态优雅、安详的女神像，白衣素裹、半躺半卧的女神手中捧着水瓶，嘴角挂着微笑，那条清澈的溪流就从女神像的背后流出。据当地的高卢人传说，女神名为塞纳，因而塞纳河也就以女神的名字命名，成为养育法国人的母亲河。塞纳河上有36座桥，每座桥的造型都有特点，而其中最壮观的就是亚历山大三世桥了。塞纳河的两岸都种植着繁茂的梧桐树，到处都充满了巴黎特有的文化和高雅气息。塞纳河及两岸风光，构成了巴黎温馨、祥和、丰富的人文景观。

Tips
🏛 在巴黎市区河段长度约20公里，横贯巴黎 ￥ 11欧元 🕐 全天 🚇 乘地铁4号线至St. Germain des Près站，出站即达

090

02 Ladurée
传统法国甜品带来的经典美味

在法国，已有千年历史的马卡龙是一种用杏仁粉和蛋白霜做成的传统甜品，中间夹带着各式各样馅料，随着口味不同而拥有五彩缤纷的颜色。深受巴黎人喜爱的马卡龙在巴黎众多甜品店的厨师创意发挥下，一直保持着新鲜多样的口味和充满时尚的外观。位于巴黎第6区的Ladurée是于1862年创立的百年老店，每天店内都会固定推出10余种不同口味的马卡龙，随着季节变换还会有符合当时季节的特殊口味推出，吸引了众多巴黎人在这里排队购买。经常也有来自各地的游客加入到门口排队的人流之中，买上五颜六色的马卡龙，在店内附设的茶座上细细品味，感受一下这道巴黎特有的风味甜品。

Tips
21 Rue Bonaparte　01-446487　8:30—19:30　乘地铁4号线至St. Germain des Près站，出站即达

03 圣米歇尔大道
巴黎拉丁区的主要街道

圣米歇尔大道是法国巴黎拉丁区的两条主要街道之一。这是一条南北走向的林荫大道，北起塞纳河上的圣米歇尔桥和圣米歇尔广场，穿过圣日耳曼大道后继续沿着巴黎大学和卢森堡公园延伸，结束于皇家桥车站前的Camille Jullian广场和气象台大街。大道也是巴黎第五区与第六区的边界线，得名于圣米歇尔桥。

作为拉丁区的中轴线，圣米歇尔大道是学生活动聚集的场所，不过旅游商业活动也经常在这里开展。在大道的北段，有Gibert Joseph和Gibert Jeune等书店、咖啡馆、电影院和成衣店等。大道上的主要建筑有克吕尼博物馆、圣路易中学、国立巴黎高等矿业学院索邦大学区。

Tips
Boulevard St. Michel, 75008 Paris　乘地铁至Saint-Michel-Notre-Dame站，下车即达

法国攻略　巴黎圣母院

091

04 Rue Xavier Privas

●●● 巴黎少见的人气美食街　★★★★ 吃

Tips
📍 Rue Xavier Privas 95130 Franconville 🚇 乘地铁4号线至St-Michel站，出站即达

颇为狭窄的Rue Xavier Privas街道两旁开满各式风味的餐厅，从飘着诱人香气的店门前经过，随时都可以看到旋转着的烤乳猪或烤鸡。每天的黄昏时分，就是Rue Xavier Privas开始进入人流喧嚣的时段，各种风味的美食吸引了来自世界各地的游客进入沿街的餐厅内大快朵颐一番。据说Rue Xavier Privas沿街的商家大多是来自北非与希腊的移民，虽然菜单上列有法式风味的料理，但端上桌后却发现并非一般人印象中的精致美食，而是带有店主人本国特色的独特风味。

05 西岱岛　75分!

●●● 巴黎城的发源地　★★★★★ 逛

Tips
📍 塞纳河 🚇 乘坐地铁4号线在西岱岛站出站

位于塞纳河中的西岱岛是巴黎最古老的城区，这里景色优美，充满宁静安详的气息。漫步在这个小岛上，看到那些古朴典雅的房屋，仿佛穿越了时光隧道，回到了那古老的王朝时代。在西岱岛上还能近距离观望到巴黎那些赫赫有名的建筑物，以巴黎圣母院为代表的名胜景点尽收眼底，同时也是拍照留念的好地方。

06 司法大厦
巴黎的法律审判场所 ★★★★

这里曾是法国王室的权力中心，之后在大革命时期成为司法大厦，整座建筑最为引人注目的就是出自德国工匠之手的时钟。建于14世纪的钟楼是整个巴黎历史最悠久的钟楼，虽然在1793年曾经遭摧毁，但在19世纪又被修复一新。与司法大厦毗邻的巴黎古监狱在大革命时期曾经囚禁了4000多人。

现今巴黎古监狱已经开放成为博物馆供游客参观，其中最为知名的就是囚禁法国国王路易十六与其王后玛丽·安东奈特的囚室。值得一提的是，司法大厦与巴黎古监狱两座建筑之间相连的部分现今依旧被用作监狱，重要的司法审判也会在这里进行。

Tips
📍 34 Quai des Orfèvres, 75055 Paris Cedex 01 🚇 乘地铁4号线在西岱岛站出站 ☎ 01-44325252 ￥ 6.5欧元

07 巴黎圣母院 (100分!)
庄严雄伟的圣堂 ★★★★★

坐落于巴黎市中心、塞纳河中西岱岛上的巴黎圣母院，始建于1163年，由巴黎大主教莫里斯·德·苏利决定兴建，历时180多年，直到1345年整座教堂才全部建成。

巴黎圣母院之所以闻名于世，主要因为它是欧洲建筑史上一个划时代的标志。圣母院的正外立面风格独特、结构严谨，显得十分雄伟庄严。它被壁柱纵向分隔为三大块，3条装饰带又将它横向划分为三部分。其中，最下面有3个内凹的门洞，门洞上方是"国王廊"，有着分别代表以色列和犹太国历代国王的28尊雕塑。1793年，大革命中的巴黎人民将其误认作他们痛恨的法国国王的形象而将它们捣毁，但是后来，雕像又重新被复原并放回原位。长廊上面为中央部分，两侧为两个巨大的石质中棂窗子，中间是一个玫瑰花形的大圆窗，中央供奉着圣母、圣婴，两边立着天使的雕像，两侧立的是亚当和夏娃的雕像。

圣母院内部极为朴素，几乎没有什么装饰。厅内的大管风琴很有名，共有6000根音管，音色浑厚响亮，特别适合奏圣歌和悲壮的乐曲。曾经有许多重大的典礼在这里举行，例如1945年宣读第二次世界大战胜利的赞美诗，又如1970年法国总统戴高乐将军的葬礼等。

Tips
📍 6 Place du Parvis Notre Dame, 75004 Paris ☎ 01-42345610 ￥ 教堂免费；塔楼：5.5欧元，老人、18—25岁青年3.5欧元，18岁以下免费，每月第一个周日免费 🕐 教堂：周一至周五8：00—18：45，周六、周日8：00—19：45；塔楼：10月至次年3月10：00—17：30，4月至6月、9月9：30—19：30，7月至8月9：00—22：00 🚇 乘地铁4号线至西岱岛站，下车即达

法国攻略 — 巴黎圣母院

093

必玩 01 最后审判之门
讲述基督教故事的拱门

最后审判之门是因其上刻绘着描述耶稣在进行最后审判的浮雕而得名，它有着庄严神圣的整体风格，能够很好地烘托出门上雕刻的主题。这些雕像造型精美，有着很高的艺术价值，十分值得拍照留念。

必玩 02 圣母之门
纪念圣母玛利亚的拱门

圣母之门是巴黎圣母院中三道著名拱门中的一个，它是以刻有关于圣母玛利亚事迹的浮雕而得名。拱门上的浮雕是极为精美的艺术品，将耶稣母亲玛利亚的生平事迹一一展现出来，十分值得观看。

必玩 03 飞扶壁
基督教建筑中特有的装饰物

巴黎圣母院里的飞扶壁是大型哥特式教堂建筑中才有的，它既起着支撑承重墙的作用，又是精美的装饰物。飞扶壁都是位于外墙之上，有着轻盈高挑的姿态，上面的图案大都繁复纷杂，极为美观。

必玩 04 玫瑰窗
巴黎圣母院最具有色彩魅力的地方

作为教堂的巴黎圣母院有着质朴的魅力，而巨大的玫瑰窗则是略显单调的教堂内部一处不同寻常的地方。巨大的玫瑰窗位于墙壁的上部，再灼热的阳光通过这里也变得柔和起来，而窗上彩绘的艺术作品也是令人驻足观看的佳作。

必玩 05 怪兽雕像排水口
充满奇异魅力的附属物

巴黎圣母院的排水口被制作成神话故事和民间传说里出现的怪兽的样子，有着奇妙的魅力，是这里的独特一景。这些怪兽形体威猛，神态狰狞，却不可怕，远远看去好像大教堂的守卫者一般。

08 圆顶咖啡馆
20世纪的老巴黎情调 ★★★★ 娱

Tips
102 Boulevard du Montparnasse,75014 Paris　01-43201420　12:00—次日1:00
乘地铁4号线至Vavin站，出站即达

创建于1927年的圆顶咖啡馆拥有450多个座位，是全巴黎面积最大的用餐地点之一。在这间规模庞大的咖啡馆内，空间被分为两个不同的部分：喝咖啡的客人一般会被安排坐在咖啡馆面对大马路的玻璃空间内，享受巴黎咖啡馆标准的"看人与被看"的感觉；用餐的客人则会被安排在装饰华丽、充满艺术氛围的餐厅内。圆顶咖啡馆在其80多年的历史中曾经接待了海明威、乔伊斯、沙特、西蒙·波娃以及毕加索等名人，而柱廊上夏加尔和布朗库斯的画作也吸引了众多游客专程来感受这间充满20世纪20年代老巴黎情调的咖啡馆，品味这里风华绝代的左岸咖啡。此外，值得一提的是，每到夜幕低垂，圆顶咖啡馆内还会响起悠扬的音乐，吸引了很多巴黎人在这里翩翩起舞。

09 贝希隆冰激凌

●●● 巴黎最著名的冷饮小吃店 ★★★★ 吃

Tips
🏠 31 Rue Saint Louis en l'Ile 🚇 乘地铁7号线在Sully-Morland站出站 ☎ 01-43543161

法国的美食扬名世界，而巴黎的贝希隆冰激凌则是其中的一个亮点。这家冰激凌店深藏在市区的小巷之中，但每天都有无数慕名而来的游客到此品尝美味，有时会排出长长的队伍，这已成为当地一道独特的风景线。贝希隆冰激凌的优点在于它甜而不腻，而且各种口味应有尽有。

10 圣徒礼拜堂

●●● 保存基督教圣物的教堂 ★★★★★ 赏

圣徒礼拜堂在巴黎诸多的教堂中是以收藏物珍贵而著称的，这里的宝物众多，其中最具神秘色彩的当属耶稣被钉在十字架

Tips
🏠 4 Boulevard du Palais 🚇 乘地铁4号线在西岱岛站出站 ☎ 01-53406093 ¥ 7.5欧元

上时所戴的荆棘冠的残品。这座教堂的造型华美，整体风格典雅大方，乳白色的外墙在教堂建筑中是比较少见的。来到教堂内部则会被里面绚丽的情景所震撼，那巨大的玫瑰彩窗有着惊人的魅力。

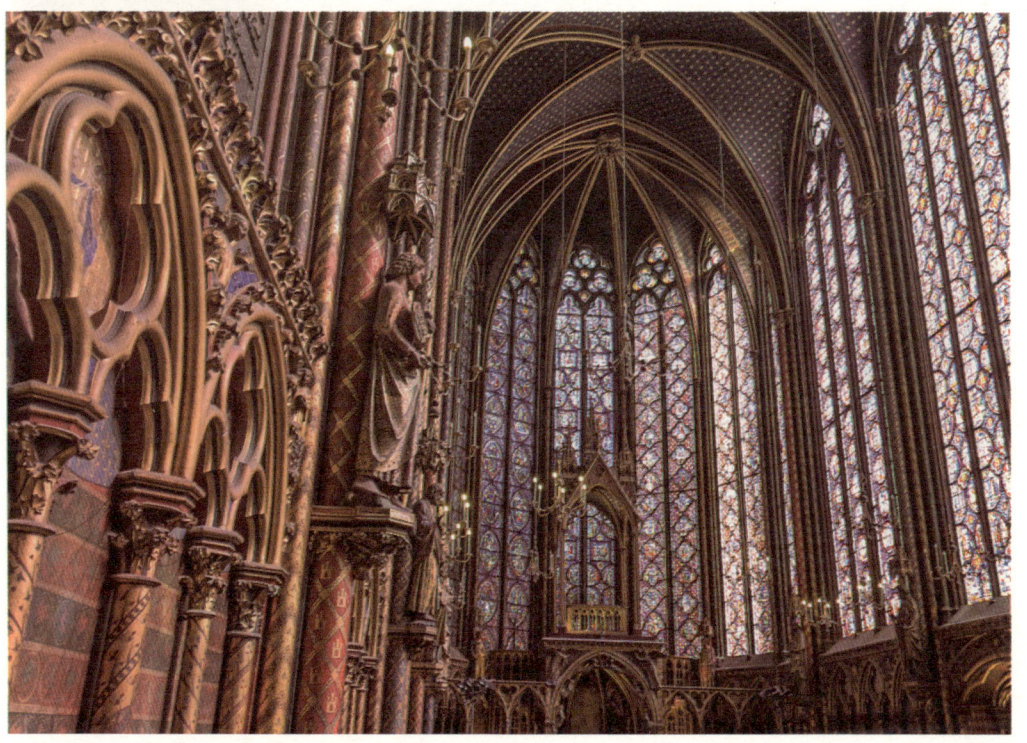

11 新桥
塞纳河上最古老、最著名的桥梁

Tips
📍 83 Rue Saint-Honoré,75001 Paris ☎ 01-44507501 🚇 乘地铁7号线至Le Pont-Neuf站，出站即达

建于1606年的巴黎新桥虽名为新桥，但它却是塞纳河上最古老、最著名的桥梁。新桥由迪塞尔索和德西勒共同设计，并于1578年昂立三世时期开始兴建。桥全长近300米，宽几十米，由西岱岛与左右两岸相连的两座独立拱桥组成，在长达13公里的塞纳河上形成了一道美丽的风景线。之所以命名为"新桥"，主要是因为它是巴黎第一座没有桥头堡的新式桥梁。高大的桥头堡挡住了人们观赏美丽风景的视线，而这座新桥却与众不同，站在桥上你可以尽情欣赏塞纳河两岸让人沉醉的美景。两边的人行道上还建有半圆形长凳石椅。

伫立桥头，远眺近观，均不免让人产生许多遐思与感叹，感受其所折射的一种无与伦比的巴黎风格——古典优雅与时尚浪漫。新桥建成后就没有再被重建，至今法语仍将经久耐用的东西比作"新桥"。这座美丽的大桥如今已成为人们聚会和举办集体活动的场所。拥有着悠久历史的新桥，与塞纳河一同见证了这里的变迁与发展。

12 桑斯宅第
具有历史价值的贵族宅第

Tips
📍 E1 Rue du Figuier 🚇 乘坐地铁1、11号线在Hôtel de Ville站出站

桑斯宅第是一栋哥特式的建筑物，它是因作为波旁王朝开国王后玛格丽特在巴黎的住所而出名的，现在则被辟为艺术图书馆。这栋历史悠久的建筑物有着庄严肃穆的外形，它是这位女性充满传奇一生的见证。来到桑斯宅第的人们大都是为了怀古而来，这里所收藏的书籍也都是颇有价值的。

13 圣杰罗维·圣普维特教堂

文艺复兴风格的教堂 ★★★★ 赏

Tips
🏛 Eglise St-Gervais St-Protais 🚇 乘坐地铁1、11号线在Hôtel de Ville站出站 ☎ 01-48873202

这座教堂始建于16世纪，它有着简朴大方的外形，是巴黎诸多文艺复兴式建筑的代表之作。教堂内部巨大的彩窗是这里的一大看点，它为这里渲染出华美的梦境色彩，令人感到绚丽异常。充满空灵气息的教堂大厅内，有一部久经岁月磨砺的管风琴，它所奏出的音乐拥有罕见的质感，能够直击听众的心灵。

14 里欧力大道

繁忙的商业大街 ★★★★ 逛

巴黎的里欧力大道是一条非常繁忙的商业大街，在这里经常可以看到来自各国的游客在沿街的店家购物血拼。在这条并不以高档货为主的购物街上有着众多对一般游客而言价格实惠的流行品牌：不论是以清新自然为招牌的Yves Rocher、Etarm的内衣和睡衣、充满生活工场味道的Habitat家居饰品，还是Kookai、Morgan、NAFNAF、Promod等服饰品牌，都可以在这里寻觅到，可以带给人们不同一般的购物乐趣。

Tips
🏛 Rue de Rivoli,75008 Paris 🚇 乘地铁11号线至Rambuteau站，出站即达

法国攻略 巴黎圣母院

097

15 巴黎市政厅

陈列法国历史文物的华丽建筑 ★★★★ 赏

巴黎市政厅是一座建造于19世纪的建筑，位于巴黎市中心圣母院北部塞纳河畔。市政厅大楼有许多楼台式结构，上面带有平顶的金字塔形屋顶，整座大厦有百余尊雕像。现在这里为法国政府所用，市政厅内陈列着很多的法国历史文物。1803年以前巴黎市政厅广场叫沙滩广场，1871年巴黎公社起义时这里被焚之一炬，直至1882年，新巴黎市政厅才重新修复落成。

新落成的市政厅建筑内含3个庭院，除中央主楼接近原貌外，其余建筑均反映了19世纪盛极一时的新文艺复兴风格。主楼正面的壁龛饰有196尊名人塑像，右侧栏杆上两组青铜群雕分别象征着科学和艺术，主楼正面的两组石雕象征着劳动和塞纳河与马恩河，钟座上方雕塑为《巴黎市》，三角楣上的两座雕塑分别象征"谨慎"和"警惕"。市政厅内部极其华丽，有着各类风格的油画、壁画、镶嵌画、饰毯等装饰。

> **Tips**
> 3 Rue de la Tacherie, 75004 Paris 01-42764343 免费 周一10：30开放参观 乘地铁1号、11号线至Hôtel de Ville站，出站即达

16 蓬皮杜文化艺术中心 (90分!)

展示法国现代艺术作品的地方 ★★★★★ 赏

在古建筑众多的巴黎，蓬皮杜文化艺术中心算得上是相当年轻的一座，但是它那独特的后现代主义风格，让它拥有极高的知名度，也是现代巴黎的标志性景点。这个展馆内的展品众多，大都出自20世纪知名艺术家之手，各个流派的佳作应有尽有，以毕加索为代表的大师名作吸引着众多艺术爱好者的目光。

> **Tips**
> Place Georges Pompidou, 75004 Paris 乘地铁4、11号线，RER A、B、D线在Chatelet站下车 01-44781233

17 史特雷尔面包店
● ● ● 巴黎著名的面包店　　★★★★ 吃

Tips
🏠 51 Rue Montorgueil 🚇 乘地铁4号线在西岱岛站出站 ☎ 01-42333820

史特雷尔面包店是巴黎著名的面包店，它的历史悠久，可以追溯到18世纪，是当时王室的御用面包店。这家面包店有着独特的东欧风味，它经过几百年的传承，各种面包应有尽有，受到巴黎民众的广泛好评。史特雷尔面包店里的甜点更是出名。值得注意的是，这里的面包除了传统的甜味外还有咸味和原味的，也都是极为可口的。

18 若望二十三世广场
● ● ● 感受巴黎都市风光的广场　　★★★★ 赏

若望二十三世广场是巴黎诸多广场中最具有悠闲气息的一个，它位于巴黎圣母院后方，与热闹喧嚣的都市隔离开来。广场上最醒目的景点是美丽的圣母泉，它那涌出的清澈水流会在盛夏时给游人带来一丝凉意。漫步在若望二十三世广场可以感受到这里的浪漫气息，而坐在舒适的座椅上则可以放松休闲一番。

Tips
🏠 6 Place du Parvis Notre Dame, 75004 Paris 🚇 乘地铁4号线在西岱岛站出站

19 圣路易岛
● ● ● 与西岱岛同样出名的小岛　　★★★★★ 赏

Tips
🏠 Île Saint-Louis 🚇 乘地铁7号线在Sully-Morland站出站

圣路易岛是塞纳河的河心小岛，它与大名鼎鼎的西岱岛同为巴黎的发源地，是以幽静清闲的氛围著称的。这座小岛曾是法国贵族聚居的地方，所以各种华美的宅第众多，可谓一座天然的建筑博物馆。漫步在圣路易岛上可以欣赏到不同风格的华美宅第，那些哥特式、巴洛克式、希腊式的房屋都是值得拍照留念的。

法国
攻略HOW

Part.6 巴黎其他

巴黎其他 特别看点！

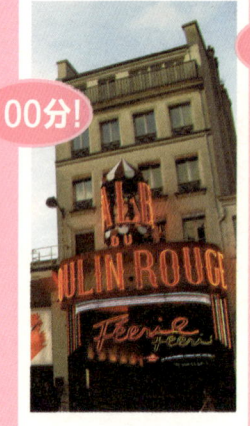

第1名！ 红磨坊！ 100分！
★ 来巴黎不可错过的旅游景点！

第2名！ 枫丹白露宫！ 90分！
★ 法国规模最大的王宫之一！

第3名！ 香波堡！ 75分！
★ 被今天的法国人视作最值得炫耀的国宝之一！

01 圣日耳曼德佩教堂
巴黎最为古老的教堂

始建于6世纪的圣日耳曼德佩教堂，是巴黎最为古老的教堂。这是一幢哥特式建筑，以其整体结构的宏伟壮观与内部装饰的精致著称。法国哲学家笛卡尔去世后便长眠在这里，更为它在华丽的气质之外平添了几分思想的内涵。

以圣日耳曼德佩教堂为中心，在它周边的地区被统称作圣日耳曼德佩区。"二战"时，由于长期饱受战火摧残，巴黎在现代艺术领域的地位大不如前，战后更是迅速地被强势的纽约所取代。所幸圣日耳曼德佩在这个时候及时兴起，成为今天巴黎的中产阶级、作家、歌星、波西米亚艺术家、新思潮流行者及艺术爱好者们聚会与高谈阔论的场所，是城市夜生活与新浪潮思想的中心，更是游客们前往巴黎参观时必定拜访的人文之地。

漫步在圣日耳曼德佩的街头，聆听着教堂悠扬的钟声，抬眼望见残阳如血，却不知会有怎样令人永生难忘的际遇，会在今夜的某个角落里等待着你呢。

Tips
Saint-Germain-des-Pres, 75006 Paris
01-43254171 免费 周一至周六8: 00—19: 45, 周日9: 00—20: 00 乘地铁4号线至St. Germain des Pres站, 出站即达

法国攻略 / 巴黎其他

102

02 红磨坊　100分！
巴黎著名的歌舞表演厅　★★★★★ 娱

Tips
- 82 Boulevard de Clichy, 75018 Paris　01-53098282　21: 00场次: 97欧元, 23: 00场次: 87欧元　21: 00、23: 00两场　乘地铁2号线至Blanche站, 出站即达

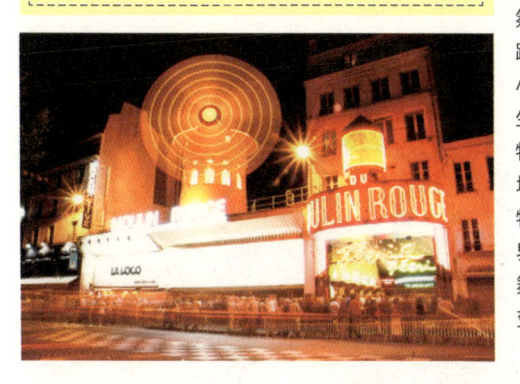

到过法国的游客, 一般都知道巴黎有两个著名的歌舞表演厅。其中位于城北蒙马特高地脚下白色广场附近, 屋顶上闪烁着红光大叶轮的红磨坊, 则是较为地道的法国式歌舞厅。

红磨坊的历史可追溯至19世纪下半叶。当时来自世界各地的流浪艺术家在蒙马特高地作画卖艺, 使这一带充满艺术气氛, 成为巴黎最别致、最多姿多彩的城区。由于艺术活动活跃, 蒙马特高地街区那弯弯曲曲的卵石坡路两侧, 小咖啡馆、小酒吧生意日渐兴隆。一种名叫"康康舞"的舞蹈也应运而生, 在蒙马特高地很受欢迎。每年狂欢节, 舞者走上街头大跳特跳, 人们从城市四面八方赶来观看。1889年10月6日, 红磨坊歌舞厅在"康康舞"的乐声中正式诞生。印象派大师奥古斯特·雷诺阿的名作《红磨坊》, 则更是使这间歌舞厅蜚声世界。现今的红磨坊已成为游客来到巴黎不可错过的旅游景点, 舞者披挂着华丽的羽毛服饰或金属片, 与百年前并没有太大改变。在怀旧的音乐中, 这里吸引了无数游客前来观看。

03 双磨坊咖啡馆
《天使爱美丽》的拍摄场地　★★★★ 娱

毗邻红磨坊的乐比喀大街上的双磨坊咖啡馆与巴黎众多浪漫温馨的咖啡馆略有几分不同, 带给人们的第一印象是小小的、脏乱的。走入咖啡馆店内, 迎面就可以看到墙上挂着的《天使爱美丽》电影海报, 提醒人们这里曾经拍摄过那样一部充满梦幻美感的电影。

除了一般客人外, 双磨坊咖啡馆内往来最多的就是电影的影迷, 经常可以看到他们拿着相机在店内四处拍摄, 甚至就连影片中那段老板娘和客人发生一段激情的卫生间也不会被忠实的影迷错过。这里如同一个在现实中营业的摄影棚一般, 吸引了数不清的影迷不远万里前来朝圣。而静下心来在双磨坊咖啡馆内坐一会儿, 便会感觉到这里与众不同的生活真实感, 有点杂乱的咖啡店内并不像左岸那些历史悠久的老咖啡馆那样充满悠闲浪漫的温馨气氛, 而是向人们展示出一般巴黎人的市井生活, 令人不禁感慨也许这才是真正的巴黎。

Tips
- 15 Rue Lepic, 75018 Paris　01-42549050
- 乘地铁2号线至Blanche站, 出站即达

法国攻略　巴黎其他

103

04 雷阿勒商场

巴黎最古老城区中的综合商场

★★★★ 逛

> **Tips**
> 🏠 1er Arrondissement Paris,75001 Paris
> ☎ 08-25020020 🕐 10：00—19：30，周日休息
> 🚇 乘地铁1号、4号、7号、11号、14号线至Chatelet站，出站即达

　　雷阿勒商场所在的地区是巴黎最古老的城区，在12世纪时曾经是巴黎的中央市场，来自法国各地的商贩在这里做买卖，使附近区域成为巴黎市内最繁忙的地方，法国文学家兼戏剧家埃米尔·左拉就将这里非常贴切地形容为"巴黎的胃"。

　　20世纪70年代初，所有的食品交易都被转至全欧洲最大的食品早市Rungis，曾经繁荣的中央市场也变成RER的地铁转运站，之后直到1977年才重新改建成结合了商店、博物馆、音乐厅、电影院、海洋公园、银行和游泳池的综合性商场——雷阿勒商场。白天的雷阿勒商场是巴黎最繁忙热闹的地方，人们在这里休闲、消遣、逛街、娱乐，吸引了来自各地的游客驻足停留，感受这里源源不绝的人气与商机。

05 卢森堡公园

●●● 环境幽雅的公园　★★★★ 玩

卢森堡公园是玛丽亚·冯·美第奇王后在她丈夫亨利四世死后的1615年修建的，在大革命期间这里曾作为监狱。公园里有宽阔的梧桐大道与花园、喷泉，以及许多上古智者的雕像，还有一个皇帝的别宫——卢森堡宫，目前是作为国会议员的宿舍。

公园内早晨、黄昏景象各不相同：有时像天然的运动场，人们绕着公园慢跑，或者练太极拳和中国功夫；有时像儿童乐园，到处是兴高采烈的孩童，免费的玩偶剧场是这里的特色之一；有时像读书盛会，而读书的不仅仅是拉丁区的大学生们；当然这里最常看到的还是晒太阳的人们。

Tips

📍 5 Impasse Royer-Collard,75005 Paris ☎ 01-53100855 🚇 乘地铁4号、10号线至Odeon站，出站即达；或乘RERB即达

法国攻略　巴黎其他

105

06 丁香园咖啡馆
隐匿在树丛之间的咖啡馆 ★★★★ 娱

Tips
📍 171 Boulevard du Montparnasse, 75006 Paris ☎ 01-40513450 🕙 11：30—次日1：00
🚇 乘地铁4号线至Vavin站，出站即达

毗邻卢森堡公园南端入口处的丁香园咖啡馆不同于巴黎街头一般常见的那些街边咖啡馆，它隐匿于茂密的树丛之中，整体环境相当隐秘，路过的行人需要努力踮高脚尖才能勉强看到这间充满神秘感的咖啡店。由于这里独有的隐蔽性，于1847年开业至今的丁香园咖啡馆曾经是众多名人与情妇幽会的首选之地，而作家海明威也非常喜爱这里的幽静氛围，他曾经在店内自己最喜欢的一处专属角落花了6周的时间写完自己的大作——《旭日东升》，至今仍偶尔有海明威的粉丝不远万里来到丁香园咖啡馆，如同海明威当年一般在咖啡馆的角落静静坐下，品味这里独有的私密空间。

07 Le Bon Marche
世界上数一数二的现代时尚百货大商场 ★★★★ 逛

Le Bon Marche是法语中"便宜商品"的意思，但位于巴黎左岸最富有的巴黎7区内的这家Le Bon Marche却并非如字面意义一般的便宜商场，而是巴黎富人最喜欢光顾的购物首选地，同时也是全世界数一数二的时尚现代百货商场。开业于1838年的Le Bon Marche从一开业就是巴黎最时尚现代的商店，1850年经过扩建后更是汇集了众多世界名牌和时尚品牌，成为可与巴黎春天、老佛爷等大商场媲美的百货商场，引领了巴黎的时尚消费市场。在Le Bon Marche内的专柜涵盖了时装、室内家具装饰、美容美体、书籍影像等商品，此外还经常在商场内举办各种现代文化艺术作品展览，有时候还会邀请众多知名人士出席，开创了艺术文化与商业销售相融合的先河。

Tips
📍 24 Rue de Sèvres, 75007 Paris ☎ 01-44398000 🕙 10：00—20：00 🚇 乘10号、12号线至Sèvres-Babylone站的Bon Marche出口，出站即达

08 巴士底狱遗址
爆发大革命的自由民主舞台 ★★★★ 赏

Tips
📍 Place de la Bastille, Paris 🚇 地铁1号、5号线及RER B线至Bastille站，下车即达

"巴士底"原意为"城堡"，本是中世纪为抵御英国入侵所修建的军事要塞，后于路易十一时期改为国家监狱。1789年，巴黎人民奋然起义，并于当年7月14日攻克巴士底狱，揭开了法国大革命的序幕，这一天也成为后来的法国国庆日。到了1791年，巴士底狱被彻底拆毁，在原址上建了一座广场，当中矗立着一座高约52米的七月革命纪念圆柱：一尊高举火炬的金翅自由神像左手提着被砸断了的锁链，象征着法国人民从此获得了自由与新生。

漫步今天的巴士底广场，已经很难找到昔日的遗迹了，不过进入地铁站，倒还能在底层发现那座古堡所遗留下的两块基石。

09 巴士底歌剧院
欧洲最大的歌剧院之一 ★★★★ 娱

巴士底歌剧院是巴黎最受欢迎的歌剧院，也是欧洲规模最大的歌剧院之一，被誉为"舞台之最"。巴士底歌剧院由加拿大著名设计师卡洛斯·奥特设计建造，是巴黎的标志之一，与巴士底纪念碑那奔向自由的金色天使相对而望。其壮丽的外观和完美的内部设施，耗资高达4亿多美元，是法国最新的国家级剧院。

起初的巴士底歌剧院仅是建在巴士底平民阶层区的一座平民化的文艺观赏场所，后于法国国庆200周年之时重建。如今的巴士底歌剧院不仅现代气息浓厚，而且不失庄重。地上地下各8层，外表由镜子般的玻璃帷幕构成，华丽而典雅，大理石柱廊全部是深灰色的，剧院大厅可容纳千余坐位观众，还建有多功能性的舞台。这座著名的建筑大作是法国前总统弗朗索瓦·密特朗为庆祝法国大革命而主张兴建的九大工程之一，与玻璃金字塔及凯旋门齐名。

Tips
📍 120 Rue de Lyon, 75012 Paris ☎ 01-40011789 🚇 乘地铁1号、5号、8号线至Saint-Philippe-du-Roule站，下车即达

法国攻略 巴黎其他

107

10 圣马丁运河

● ● ● 法国最为著名的运河 ★★★ 赏

开通于拿破仑时代的圣马丁运河全长约4.5公里，自塞纳河蜿蜒流至巴黎东北部的拉维莱特公园，恰好贯穿了这座城市的中心地带——雅俗共存的第10区。穿行其间，宁静的河水会让人产生某种莫名的困惑，怀疑自己是否真的正置身于喧嚣的巴黎，而岸边那些伴着熟铁圆拱桥一起倒映在水中的茂盛的栗子树，则更是不失时机向人们诠释了何谓"美"的准确定义。

当然了，圣马丁运河之所以有名，很大程度上还是因为法国导演让·皮埃尔·热内所拍摄的那部《天使爱美丽》。这条堪称法国最为著名的运河，总是会让人有种遗世独立般的寂寞感，即使居住在附近的孩子们沿着河岸嬉戏打闹时，它仍显得那样安静。随便找个角落坐好，吃些消遣的食品，眺望着这条小小的运河，每个人都会找到一个属于自己的世界。

Tips
🏠 29 Rue du Faubourg du Temple, 75010 Paris 🚇 乘地铁1号、5号、8号线至Bastille站，出站即达

11 圣心大教堂

风景优美的拜占庭式教堂 ★★★★ 赏

> **Tips**
> 🏠 35 Rue du Chevalier de La Barre,75018 Paris ☎ 01-53418900 ¥ 免费 ⏰ 7:00—22:30
> 🚇 乘地铁2号线至Anvers站,出站即达

在巴黎市中心北部有一座小山——先烈山,巴黎圣心院就耸立在山巅,在巴黎四周很远的地方都可以看到它。巴黎圣心院是一座洁白的、具有拜占庭风格的大教堂,俗称"圣心大教堂"。教堂是由1870年巴黎人民的捐款得以修建的,门前两侧立着两尊铜像:一边是圣路易,另一边则是被火刑烧死的贞德。不知这两尊铜像原来是什么颜色,现在由于长年风袭雨浴,一层铜锈蚀裹,竟使它们变得通体碧绿,像翡翠雕琢的一般,与白玉似的教堂相映生辉。

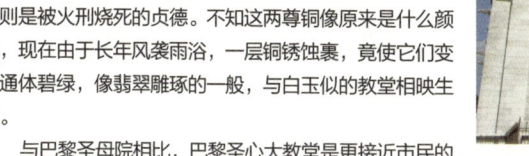

与巴黎圣母院相比,巴黎圣心大教堂是更接近市民的宗教设施,在它的脚下,各式各样的杂货店店铺林立,空气中弥漫着煎饼和烤栗子的香味。这是离尘杂最近的一片神的净土,秉承着法国式的东方精神。

法国攻略 · 巴黎其他

12 格勒凡蜡像馆

惟妙惟肖的名人蜡像

Tips
- 10 Boulevard Montmartre, 75009 Paris
- 01-42460635
- 17.5欧元
- 10：00—18：30
- 乘地铁1号线至Tuileries站，出站即达

于1882年正式开馆的巴黎格勒凡蜡像馆，是一座经过改建的古老建筑，至今仍留有洛可可式建筑风格。它的创建，源于当时法国著名《高卢日报》创办人阿赫蒂赫梅耶的一个古怪念头——他希望报纸上的人物不仅仅停留在文字的二维平面中，而是走到现实的三维立体空间中，人们能够亲眼看到那些著名的时事人物，于是他创建了这座蜡像馆。鉴于当时参与蜡像馆建设的幽默漫画家、雕塑师、舞台服装设计师阿尔弗雷德·格勒凡做出的杰出贡献，故最终以"格勒凡"命名。

蜡像馆经过扩充，现展出面积已达上千平方米，几百座蜡像分布于这座三层建筑之中。这里有幻影宫、全景巴黎剧场等多个展览模块，地下室里还展出了近60个场景。在这里，你可以看到当代法国与世界各地的名人蜡像，有自戴高乐之后的历届法国总统、著名的政治家、艺术家、电影明星、电视明星、运动员等，都惟妙惟肖，令人叹为观止。

法国攻略　巴黎其他

13 圣日耳曼大道
●●● 巴黎的繁华街道 ★★★★ 逛

Tips
🏠 巴黎市中心圣日耳曼大道

圣日耳曼大道是巴黎的一条主要街道，位于塞纳河左岸。这条大道呈弧形，东起圣路易岛边缘的Sully桥，西至通向协和广场的协和桥，穿越巴黎第五区、第六区和第七区。在圣日耳曼大道的中段，与南北走向的圣米歇尔大道交会。

圣日耳曼大道最著名的是穿越圣日耳曼德佩区的那一段，也就是它得名的那一段。圣日耳曼大道是当时巴黎左岸改造中最重要的部分，它取代了无数狭窄如巷道的小街。其中为这项工程让路的有圣日耳曼德佩教堂的监狱，它曾经完全位于今天的大道上。在17—19世纪，圣日耳曼区都是贵族们兴建市内住宅的主要地点。从19世纪30年代起，圣日耳曼区与夜生活、咖啡馆和学生联系起来，大道穿越拉丁区，拥有多家著名的咖啡馆。"二战"以后，圣日耳曼大道成为巴黎的知识和文化中心。哲学家、作家和音乐家在大道两旁的夜总会和啤酒店里聚会畅谈。今天，圣日耳曼大道是一条繁荣的高档购物街，拥有从Armani到Rykiel等各种服饰品牌专卖店和各式各样的咖啡馆。

14 力普啤酒馆
●●● 受欢迎的左岸另类酒馆 ★★★★ 娱

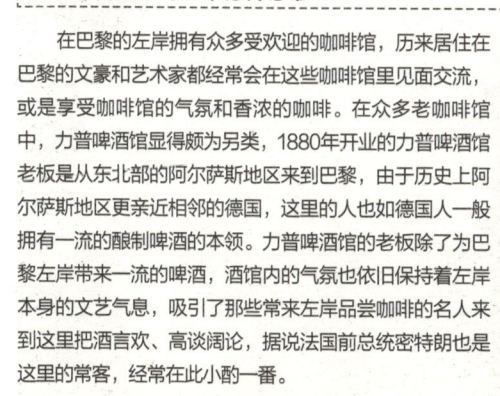

在巴黎的左岸拥有众多受欢迎的咖啡馆，历来居住在巴黎的文豪和艺术家都经常会在这些咖啡馆里见面交流，或是享受咖啡馆的气氛和香浓的咖啡。在众多老咖啡馆中，力普啤酒馆显得颇为另类，1880年开业的力普啤酒馆老板是从东北部的阿尔萨斯地区来到巴黎，由于历史上阿尔萨斯地区更亲近相邻的德国，这里的人也如德国人一般拥有一流的酿制啤酒的本领。力普啤酒馆的老板除了为巴黎左岸带来一流的啤酒，酒馆内的气氛也依旧保持着左岸本身的文艺气息，吸引了那些常来左岸品尝咖啡的名人来到这里把酒言欢、高谈阔论，据说法国前总统密特朗也是这里的常客，经常在此小酌一番。

Tips
🏠 151 Boulevard Saint-Germain,75006 Paris ☎ 01-45485391 🕙 10：00一次日1：00
🚇 乘地铁4号线至St. Germain des Pres站，出站即达

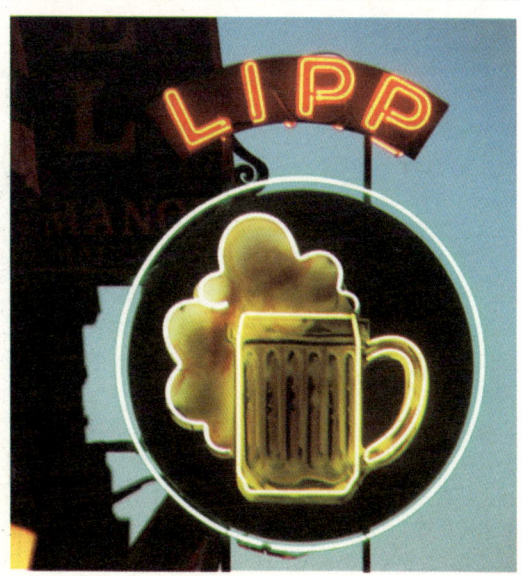

法国攻略 | 巴黎其他

111

法国攻略 | 巴黎其他

15 花神咖啡馆
存在主义的酝酿地　★★★★ 娱

开业于1887年的花神咖啡馆以古罗马女神Flore为名，百余年来这家飘散着咖啡香味的咖啡馆以缤纷璀璨的花丛和盎然的绿意闻名，是巴黎颇为知名的人气咖啡馆之一。花神咖啡馆在20世纪初还与现代文学联系密切，当时的文人们就是聚集在花神咖啡馆内彼此交换自己的见解，萨特和卡缪曾在这里酝酿出"存在主义"，而中国诗人徐志摩在巴黎期间也曾经与友人一起特意来到花神咖啡馆享受这里的悠闲时光，并感慨地说出"如果巴黎少了咖啡馆，恐怕会变得一无可爱"这样的话。现今的花神咖啡馆里鲜花依旧，在店内经常可以看到不少从世界各地慕名而来的游客，有时也可看到法国当地的演员在这里品尝咖啡，同朋友悠闲聊天的身影。

> **Tips**
> 🏠 172 Boulevard Saint-Germain,75006 Paris
> ☎ 01-45485526　🕐 7：00—次日1：30

16 蒙巴纳斯大厦
法国第一高楼　★★★★ 赏

> **Tips**
> 🏠 29 Rue de l'Arrive,75015 Paris　☎ 01-45385256　¥ 成人9欧元，12—20岁6.5欧元，7—11岁4欧元，7岁以下免费　🕐 9：30—23：30　🚇 乘地铁4号、6号、12号、13号线至Montparnasse站，下车即达

蒙巴纳斯大厦自1973年建成后一直为法国第一高楼，同时也是欧洲第一座楼顶高度超过200米的建筑物。这座现代主义风格浓郁的建筑主要用于办公，在刚建成的20世纪70年代，曾是白领争相求职的地方。

自建成之日起，蒙巴纳斯大厦就因为超级的"身高"受到一些人的指责，不过同时也是巴黎市重要的旅游景点。天气晴朗时，站在专供旅游客人观光的平台上，视野开阔，巴黎市区景色一览无遗。除顶层平台外，蒙巴纳斯大厦只有第56层的"空中全景餐厅"对外开放，后来这里还被作家贝格拜戴作为"9·11"事件的背景写进小说，从此载入文学史册。而赛德里克·克拉比什导演的电影《巴黎》，则让男主角登上大楼顶层，从那里撒下了女友的骨灰，让观众体会到另一番境界。

17 蒙巴纳斯大道
体验浪漫风情的绝佳场所 ★★★★ 逛

蒙巴纳斯大道是一条在巴黎颇负盛名的街道，也是来自世界各地的游客体验巴黎浪漫风情的绝佳地方。蒙巴纳斯大道两侧林立着建于不同时期的新旧建筑物，没有花哨的购物橱窗，各式气氛雅致的咖啡馆、书店等构成了这条街静谧悠闲的气氛。游客漫步其间，能立刻感受到自己走进了巴黎人的日常生活。

> **Tips**
> 🏠 巴黎市中心蒙巴纳斯大道 🚇 乘地铁4号线至Vavin站，出站即达

18 帕特广场
巴黎最生动有趣的广场 ★★★★ 逛

帕特广场位于巴黎蒙马特高地，它曾经是巴黎近郊的一个小村庄。如今，这里拥有蒙马特区中心的优越位置，毗邻圣彼埃尔教堂和圣心大教堂，是画家们的天堂。画家们聚集于此摆摊作画，出售作品，相互交流，切磋技艺，逐渐形成了浓厚的艺术氛围。众多著名画家成名之前也曾在此作画为生，包括高更、卢梭、雷诺瓦、毕加索、布拉克等大师。帕特广场折射出了画家们的早期生活状况，也描绘出了巴黎这座艺术之城的历史脉络。

帕特广场的夜晚浪漫迷人，游客在这里可以享受到可爱的音乐晚餐，还可请画家为自己作肖像画，相信这将是您在巴黎游玩时所拥有的最具意义的纪念品。然而近来在帕特广场上，帐篷搭成的咖啡馆、小餐馆和出售饰品、纪念品的摊位比比皆是，具有独特韵味的人文景观也随之减少，真是可惜。

> **Tips**
> 🏠 巴黎市中心 ☎ 01-44053910 🚇 乘地铁12号线至Abbesses站，出站即达

法国攻略 | 巴黎其他

113

19 雾巷

●●● 位列法国十大最浪漫的地方 ★★★★ 逛

藏在蒙马特区深处的巴黎雾巷，被誉为"法国十大最浪漫的地方"之一。窄窄的巷子里，并没有过多的观光者，看不到人潮拥挤的景象，一片静谧天地。别看人烟稀少，这里却格外受到了众多艺术家的青睐。在雾巷中，梯级顶上左手边的一间小屋，原是著名的印象派画家雷诺阿在1892年时和他的妻儿所居住的地方，被称为"玫瑰与丁香的天堂"，颇具诗意。而在小径的尽头即是迷雾堡，那里看上去满眼都是安静的绿，清新脱俗，绿意盎然。这里曾经是19世纪著名的浪漫主义作家奈瓦尔经常来的地方，相信这里给他带去过不少的灵感。

之后可以来到李必街上的伽斯安诺，在它美丽的花园中尽可享用一顿并不昂贵却极富格调的午餐。据说，歌手妲丽达也经常出现在这里，相信是为那份惬意与悠闲所吸引。最后散步于李必街，回想一下天使艾米丽的故事，更是一种享受。雾巷，这条迷雾小径，充满着诱人的神秘与浪漫，是恋人们的休憩小港，温馨而美好。而这里的日出与黄昏更是迷人，让人陶醉。

Tips
巴黎市中心 Allee des Brouillards 乘地铁12号线至Lamarck-Caulaincourt站，出站即达

20 蒙马特葡萄园

●●● 蒙马特高地上的葡萄种植基地 ★★★★ 赏

Tips
Place du Tertre,75018 Paris 01-42557479 乘地铁12号线至Lamarck-Caulaincourt站，出站即达

位于巴黎第18区蒙马特高地上的蒙马特葡萄园，其正式名称是克洛斯蒙马特。在16世纪，蒙马特高地的居民大多是葡萄种植者，其种植的葡萄树从山顶延伸至四周的平原之上。到了17世纪，蒙马特高地成为葡萄酒的重要产地。这种文化持续扩大，特别是在中世纪。

如今，蒙马特葡萄园的占地面积已超1500平方米。每年用蒙马特葡萄园产出的葡萄酿出的葡萄酒产量仅有300瓶，它们以"唯一产自巴黎的葡萄酒"作为招牌，被称为"即使有钱也不一定能买到"的珍贵葡萄酒。

每年晚秋，这里都举行葡萄酒节，以怀旧的"巴黎红"招徕游客。不过，在蒙马特葡萄园的消费水平较高，如果想图实惠，可以去葡萄园对面那家因毕加索出名的"狡兔之家"（Au Lapin Agile）小酌。这里自酿的酒虽非上品，但酒精度足够，价格低廉，是体验波西米亚人生活的好所在。

21 万神殿

古典、庄严、神圣

★★★★ 赏

Tips
- 13 Rue de la Sorbonne, 75005 Paris
- 01-40510378　￥7欧元　10:00—18:00
- 乘地铁10号线至Cadinal Lemoine站，出站即达

万神庙是古罗马建筑艺术的结晶，对西方的建筑发展有举足轻重的影响，文艺复兴时期无数的建筑师们曾来罗马取经。这种圆厅加柱廊的设计，后来被应用到许许多多市政厅、大学、图书馆和其他各种公共建筑物上。受其影响比较明显的就有法国巴黎的先贤祠、美国弗吉尼亚大学的圆形大厅、哥伦比亚大学的图书馆和澳大利亚墨尔本的维多利亚州立图书馆。

巴黎的万神殿是18—19世纪的建筑物，是模仿罗马的万神殿建筑风格修建的，有回归古典、庄严、神圣之美感。万神殿原名为先贤祠，1791年教堂被关闭，并改名为"万神殿"来安葬法国的名人及伟人们。许多伟人长眠于此，如雨果、卢梭、伏尔泰、居里夫人及其丈夫等。端庄的正面门廊由22根大圆柱组构而成，顶着三角形浮雕门楣，整座建筑以中央巨大圆顶为核心，这巨大的圆顶由系列细柱环抱支撑，造型相当独特。

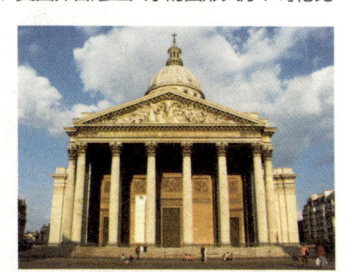

22 圣米歇尔广场

巴黎的城市心脏

★★★★ 逛

被誉为"巴黎的心脏"之一的圣米歇尔广场，位于法国巴黎第6区拉丁区一个十字路口处。广场不大，周边由古典建筑合围，其南侧高耸着圣米歇尔教堂，呈现出新古典风格。圣米歇尔广场广为人知的是广场中心那座圣米歇尔喷泉，于1855年由加布里埃尔建成，原拟献给拿破仑一世，但最后决定献给天使长圣米歇尔，上置杜莱雕刻的铜像《圣米歇尔屠恶龙》，呈献给人们圣米歇尔手持仗剑伏龙、龙口吐水入喷泉的情景。

拉丁街区常与艺术家、知识分子和放荡生活联系在一起。在政治上这里也有几段历史，如1817年圣米歇尔广场成为巴黎公社的中心，1968年又成为学生运动的地点。如今这里已成为人们游览的著名景区，拉丁区的东半部变得十分时髦，也有许多的官方机构。在此位置可以看到西岱岛包括司法宫的一些著名建筑。

圣米歇尔广场四通八达，热闹非凡，无论是年轻的学生、约会的情人，还是旅居的艺术家和来巴黎观光的游客，大都以圣米歇尔广场为邀朋会友的地点。

Tips
- Bonlevard St. Michel, 75005 Paris　乘地铁4号线至St-Michel站，出站即达

23 圣耶戈纳迪蒙教堂
●●● 不流于一般风格的特殊教堂 ★★★★ 赏

Tips
📍 18 Rue du Mont,42100 Saint Etienne ☎ 04-77808463 🚇 乘地铁10号线至Cadinal Lemoine站，出站即达

　　圣耶戈纳迪蒙教堂位于先贤祠的后方，它融合了哥特式与文艺复兴式风格，教堂正立面由三座人字形山墙互相重叠而成，造型独特且具有层次之美。这座教堂不仅外部建筑十分独特，内部装饰也别具一格，处处可见华丽的雕饰，绝对值得多走几步来看一下。

24 孚日广场
●●● 巴黎少见的四方形广场 ★★★★ 赏

　　孚日广场位于巴黎第4区，曾被称为皇家广场。1880年，拿破仑为了纪念第一个向国家上缴税收的孚日省，而将其命名为孚日广场。孚日广场四面由9栋相连的红砖建筑围成，一楼还设有巴黎少见的骑楼，法国文豪雨果、苏维妮侯爵夫人都在这里出生。

　　如今，孚日广场四周依旧是巴黎少数保存有法国大革命前建筑风格的建筑群。孚日广场处曾是法王亨利二世的豪宅，昔日贵族都喜欢来这里玩马戏及滚球。有一回，亨利二世跟侍卫长比赛时眼睛被刺伤，10天后就一命呜呼了，他的遗孀认为这栋豪宅不祥，将它铲平。直到17世纪，亨利四世才将这里改建成商圈广场，而这里拥有的巴黎少见的骑楼，则成为他革新建筑的政绩之一。

Tips
📍 Place des Vosges 🚇 乘地铁至Saint-Paul站，下车即达

25 众神的食堂

享受米其林三星的美味 ★★★★ 吃

Tips
- 9 Place des Vosges,75004 Paris ☎ 01-42785145 ⏰ 12：00—13：30，20：00—21：30，周一休息 🚇 乘地铁至Saint-Paul站，下车即达

位于孚日广场的众神的食堂以希腊神话中众神尽享美食、乐饮美酒的L'Ambroisie为名，同时由受到米其林评定的三星名厨Bernard Pacaud主厨，是法国美食家们心中享用传统法国菜的首选。餐厅的主厨Bernard Pacaud 并不追求创意和取材的特殊，因其简朴平实的料理被法国饮食界赞誉为"拥有几近完美的厨艺"，至高的评价也使得这位名厨手握米其林三星评价20年之久。由于众神的食堂内只有40个座位，因而游客若想在巴黎期间享受这几近完美厨艺带来的美味料理，需要提前一个月就预订好座位，才有希望成为那每晚1/40的幸运儿。

26 斯特拉文斯基广场

"会跳舞"的广场 ★★★★ 逛

斯特拉文斯基广场上的雕塑作品出自法国当代雕刻艺术家Nikide St-Phalle以及她的瑞士籍丈夫Jean Tinguely之手，两人一个是雕塑大师，另一个则擅长水利机械制造，他们共同造就了这个创意无限的广场。

广场中间造型可爱、色彩艳丽的雕塑喷泉喷出的水柱充满韵律，仿佛穿着艳丽服饰跳舞的舞者，而广场周围也经常有街头艺人在这里即兴表演，伴随着欢快的音乐声，令人感觉整个广场都在跳舞一般。在广场上众多雕塑作品中，最具特色的就是那个可爱的胖女人雕塑，而蓝色草帽的雕塑则充满童趣，大象雕塑在喷水时还会旋转，而金色鸡冠的大公鸡则源自斯特拉文斯基的名作《火鸟》，是游客来这里不可不看的景点。

Tips
- 🏠 Plaza Stravinsky,75001 Paris ☎ 08-92683000 🚇 乘地铁11号线至Rambuteau站，出站即达

法国攻略 巴黎其他

117

27 圣梅丽教堂
迷你巴黎圣母院

毗邻斯特拉文斯基广场的圣梅丽教堂建于1500年，是一幢典型的哥特式风格教堂。但教堂内部的彩色玻璃窗以及教堂的交叉通道等细节则明显受到英式风格的影响，呈现出所谓的火焰式风格。在法国大革命时期，圣梅丽教堂受到破坏，现今游客看到的雕像都是1842年重新制作而成的，在教堂左侧的塔内则保留着巴黎历史最悠久的钟。游客来到圣梅丽教堂后会发现这座拥有500多年历史的哥特式风格建筑与巴黎圣母院颇为相似，因而这里又被称作"迷你圣母院"，吸引着来自各地的游客前来参观。

Tips
78 Rue de la Verrerie,75004 Paris 01-42781415 15：00—19：00 乘地铁11号线至Rambuteau站，出站即达

28 巴黎清真寺
巴黎市内的阿拉伯风情

Tips
Place du Puits de l'Ermite 01-45359733 乘地铁7号线至Place Monge站，出站即达

第二次世界大战后，法国政府为了向曾经协助法国军民一起对抗德军的穆斯林表示感谢，特别在巴黎市内修建了一座清真寺，以供居住在巴黎的穆斯林使用。这座毗邻第5区植物园的清真寺建筑为穆德哈尔式，宣礼塔高33米，同时教堂还附有一个土耳其澡堂，是巴黎伊斯兰教徒的活动中心。游客在巴黎清真寺可以体验浪漫之外的伊斯兰风情，还可以在这里的传统茶馆内品尝地道的伊斯兰甜品与薄荷茶。如果对巴黎街头众多咖啡馆感到厌倦，游览之余来到这里换换口味，也别有一番情趣。

29 巴黎唐人街

法国最大的唐人街 ★★★★ 逛

华人区各有特点。不过，在巴黎，人们只要谈起唐人街首先想到的必定是巴黎的13区。法国人甚至很幽默地说，要想了解中国，买张地铁票到13区就行了。的确，走在13区，犹如置身中国国内，打着方块字标志的中国餐馆、商店遍布街道两旁。街上到处可见中文招贴广告，听到熟悉的乡音，看到熟悉的容貌。这里行人如织，车水马龙，喧嚣繁华，生气勃勃。巴黎13区的唐人街主要集中在由绍瓦西、伊夫利和马塞纳3条大街构成的一个三角区域。与巴黎其他华人聚集区不同，13区主要以潮州人为主，其他的则是来自泰国、新加坡以及中国香港、澳门的华人。当然，也有很多越南、老挝等东南亚国家的人。因此，13区唐人街也同时具有浓厚的东南亚特色。巴黎3区和4区的华人则主要以来自浙江省的温州人和青田人为主。

Tips
位于第13区的街区 乘地铁至Porte-de-Choisy站下车即达

30 拉德芳斯新区大拱门

现代巴黎的象征 ★★★★ 赏

Tips
位于巴黎西郊拉德芳斯新区 9欧元 顶层电梯：4月至9月10：00—20：00；10月至次年3月10：00—19：00，闭馆半小时前停止接待 乘地铁至Esplanade-de-la-Defense站，下车即达

位于巴黎西郊的拉德芳斯新区是现代巴黎的象征。这里原是巴黎西郊一片僻静的无名高地，在1870—1871年的普法战争中，法军败北，巴黎沦陷，一小股法军退守这里并顽强抵抗到弹尽粮绝，全部以身殉国。后人在高地上竖起一组雕像，题名《拉德芳斯》，意为"防卫"，以纪念阵亡将士。在新区的开发和兴建过程中，这组雕像被完整地保留了下来，整个新区也以此为名。

拉德芳斯区的代表性建筑——大拱门，集古典建筑的艺术魅力与现代化办公功能于一体，是建筑艺术史上的一个奇迹。大拱门占地约5.5万平方米，门南北两侧是高大的塔楼。两个塔楼的顶楼里是巨大的展览场所，顶楼上面的平台是理想的观景台。从顶层平台向远方眺望，既可以看到近处布劳涅森林和塞纳河的风光，也可以看到远处巴黎城区的景色。

法国攻略　巴黎其他

31 索邦大学
● ● ● 历史悠久的大学 ★★★★ 赏

Tips
🏠 13 Rue de la Sorbonne,75005 Paris ☎ 01-40462211 ¥ 免费 ⏰ 全天 🚇 乘地铁至Cluny–la–Sorbonne站，下车即达

索邦大学由神父罗伯德·索邦(Robert de Sorbon)于1253年创办，是巴黎一所历史悠久的大学。今天的索邦大学校园内，只有黎世留(Richelieu)坟墓所在的小教堂为17世纪所建，其余建筑都是19世纪末重建而成。普维·德·萨瓦纳(Puvis de Chavannes)和亨利·马丁(Henri Martin)的巨幅名画装饰各大阶梯教室和长廊。1970年，经埃德加·福尔(Edgar Faure)改革后，索邦大学更名为巴黎第四大学。巴黎第四大学继承了原索邦大学的人文科学部分，成为当今世界上在该领域开设学科最多、范围最广的大学之一。

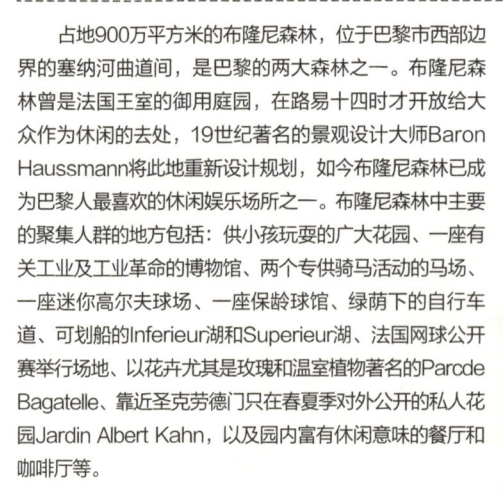

32 布隆尼森林
● ● ● 法国王室的御用庭园 ★★★★ 赏

占地900万平方米的布隆尼森林，位于巴黎市西部边界的塞纳河曲道间，是巴黎的两大森林之一。布隆尼森林曾是法国王室的御用庭园，在路易十四时才开放给大众作为休闲的去处，19世纪著名的景观设计大师Baron Haussmann将此地重新设计规划，如今布隆尼森林已成为巴黎人最喜欢的休闲娱乐场所之一。布隆尼森林中主要的聚集人群的地方包括：供小孩玩耍的广大花园、一座有关工业及工业革命的博物馆、两个专供骑马活动的马场、一座迷你高尔夫球场、一座保龄球馆、绿荫下的自行车道、可划船的Inferieur湖和Superieur湖、法国网球公开赛举行场地、以花卉尤其是玫瑰和温室植物著名的Parc de Bagatelle、靠近圣克劳德门只在春夏季对外公开的私人花园Jardin Albert Kahn，以及园内富有休闲意味的餐厅和咖啡厅等。

Tips
🏠 Bois de Boulogne Entre par le Jardin d'acclimatation,75016 Paris ☎ 01-53928282 ⏰ 9:00—19:00 🚇 乘地铁2号线至Porte Douphine站；或乘地铁10号球线至Porte d'Auteuiletk站，出站即达

33 凡尔赛宫
●●● 法国最宏大、最豪华的皇宫　　　★★★★ 赏

　　凡尔赛宫位于巴黎西南约18公里处的凡尔赛镇，是法国最宏大、最豪华的皇宫，长达100多年间一直作为法兰西宫廷。现在被辟为历史博物馆，也是法国领导人会见外国首领和使节的地方。凡尔赛宫原是路易十三1624年在凡尔赛树林中造的狩猎宫，当时的凡尔赛行宫是一座仅拥有26个房间的两层红砖楼房，一层为家具储藏室和兵器库，二层为国王办公室、寝室、接见室、藏衣室、随从人员卧室等房间。之后于1661年法王路易十四开始扩建这里，直至1689年完工。凡尔赛宫是一幢古典主义建筑，立面为标准的古典主义三段式处理，造型轮廓整齐、庄重雄伟，被称为是"理性美的代表"。其内部装潢则以巴洛克风格为主，少数厅堂为洛可可风格。正宫前面是一座风格独特的法兰西式大花园，园内树木和花草别具匠心，周围建筑极其讲究对称和几何图形化。

　　凡尔赛宫内500余间大殿小厅处处金碧辉煌、豪华非凡。内壁装饰以雕刻、巨幅油画及挂毯为主，配有17~18世纪造型超绝、工艺精湛的家具。从1682—1789年，法国的政治、外交决策都在凡尔赛宫制定，使这里成了事实上的法国首都。为了显示王权的威严，路易十四和路易十五经常在宫中举行场面浩大壮观的典礼、晚会、舞会、狩猎和其他娱乐活动。

Tips
🏠 Place Raymond Poincar 78000 Versailles ☎ 01-30210101 ¥ 皇宫：7.5欧元，花园免费 ⏰ 9：00—19：00，周一10：00—18：00，皇宫9：45—17：00 🚇 乘RER C线至Versailles Rive Gauche站，下车后步行约15分钟即达

34 巴黎迪斯尼乐园
●●● 欧洲最大的文化娱乐度假中心　　　★★★★★ 玩

　　巴黎迪斯尼乐园位于巴黎市郊马恩河谷镇，它于1992年初开张，是继美国加利福尼亚、佛罗里达和日本东京之后世界上第4个迪斯尼乐园，是欧洲最大的文化娱乐度假中心。这座规模宏大的度假中心包括了30个娱乐项目，其中有20世纪初的美国城镇街道、边疆乐园、探险乐园、幻想乐园和发现乐园5个部分，设有6个旅馆、5200套房间，以及露天度假村和高尔夫球场等。巴黎迪斯尼乐园最主要的游乐项目是"光、引擎、动作"表演，由特技人员驾驶多辆汽车，展现其非凡的驾驶技术，尤其是飞车穿越火海一幕，真是精彩刺激，令人拍手叫绝。

Tips
🏠 位于巴黎以东32公里 ☎ 08-25300222 ¥ 单日票：44欧元，儿童（3~11岁）36欧元；二日通票：95欧元，儿童78欧元；三日通票：119欧元，儿童98欧元 ⏰ 9：00—23：00 🚇 乘RER A线至Marne-la-Vallee站

法国攻略　巴黎其他

35 香波堡 75分!

文艺复兴时期法国建筑领域内的一次巅峰之作 ★★★★★ 赏

巴黎市郊卢瓦河畔的香波堡始建于16世纪，原为当时的国王——"法兰西文艺之父"弗朗索瓦一世为狩猎所修建的行宫，这是法国在文艺复兴时期的建筑领域内的一次巅峰之作，被今天的法国人视作最值得炫耀的国宝之一，荣列在联合国的世界文化遗产名录。

城堡整体呈典型的中世纪古堡布局，主体建筑宽156米，深117米，有440间房间、365个暖炉、14个大阶梯，以及最负盛名的双舷梯。据说，这是为了避免国王的情妇与王后相遇时发生纠纷而特别建造的。无论这种传说真实与否，倒也成为这座原本就迷人的古堡平添了几分法兰西式的浪漫色彩。

Tips
🏠 巴黎市郊卢瓦河畔 ☎ 01-30210101 ¥ 7欧元
🕐 9：00—18：15；声光表演：7月、8月22：30-凌晨1：00，票价13-15欧元；马匹表演：夏季在马厅广场的废墟上举行，5月、6月、9月11：45，周六、周日16：00加一场，7月、8月11：45、17：00 ¥ 夏季7.5欧元

36 第戎圣母院

勃艮第建筑的杰出代表 ★★★★ 赏

Tips
🏠 9 Place Notre Dame, 21000 Dijon ☎ 03-80304042 ¥ 免费 🕐 10：00—18：00，周日12：30—14：00休息 🚆 从第戎火车站步行约5分钟即达

位于第戎市中心的第戎圣母院是13世纪勃艮第建筑的杰出代表，继承了罗马艺术时期的建筑风格，堪称是第戎首屈一指的教堂。圣母院最初建在第戎主要的商业区，因为地处繁华闹市，教堂规模不大，是整个勃艮第地区最小的哥特式教堂。虽然规模不大，但18米高的教堂中殿与装饰着怪兽出水口和成排圆柱的教堂空间，依旧给人宽广宏伟的宗教氛围，丝毫不显得局促。此外，第戎圣母院内著名的《Black Virgin》雕像是为了纪念第戎在1513年突破瑞士围城所设立的，吸引了众多游客拍照留念。

37 枫丹白露宫

法国规模最大的王宫之一 90分!

枫丹白露宫是16世纪法国国王法兰西斯一世的狩猎别庄，"枫丹白露"法文意为"美泉"，因宫内一座美丽的八角形喷泉而得名。经过路易王朝几位国王的不断扩建，枫丹白露宫的规模相当于一个城镇，各个时期的建筑风格都在这里留下了痕迹，众多知名的建筑家和艺术家也都参与了这座法国历代帝王行宫的建设。

枫丹白露宫现存的建筑有：13世纪圣路易时期的一座封建城堡主塔、6个朝代国王修建的王府、5个不等形的院落，以及4座代表4个时代特色的花园。但建筑外部仍保留着传统的法国哥特式风格。皇宫的主要建筑是两层楼群，房间数不胜数。而这些楼群又以一个个漂亮的庭院花园隔开。其中最有名的是白马庭院，拿破仑就是在这里告别了跟随他戎马生涯20年的将士们，因此，"白马院"也称"永别院"，可以说是枫丹白露宫最富有历史意义的房间。游客一进大门就可看到迎面的广场，两边是一排蓝顶白墙的建筑物，四大方块的草地上是十几棵修剪得十分整齐的小树。引人注目的是宫殿正面一对大大的马蹄形楼梯，直通二楼，建于路易十三时期，已经成为宫殿的象征，当年拿破仑就是在这里迎娶约瑟芬皇后入宫的。

Tips
- 位于巴黎东南65公里处
- 大殿线路：5.5欧元，包括文艺复兴展馆、皇帝寝宫、办公大厅、中国馆等；小殿线路：3欧元，主要是拿破仑一世博物馆。
- 每月的第一个周日免费
- 周三至周日
- 在巴黎里昂车站搭乘前往蒙特涅（Montereau）方向的火车，至枫丹白露站下车，车程40—60分钟。再穿过地下通道搭乘公交车，车程约15分钟

38 巴黎市立现代美术馆

典雅浪漫的新古典风格博物馆

Tips
- 11 Avenue du Président Wilson, 75116 Paris
- 01-53674000
- 免费
- 10:00—17:30, 周一休息
- 乘地铁9号线至Iena站，出站即达

1937年巴黎举办世界博览会时修建的巴黎市立现代美术馆在1961年开始向公众开放，这里也是巴黎规模最大的市立美术馆。在这幢典雅浪漫的新古典风格建筑内，收藏了卢奥、杜菲、马歇·葛罗梅、德洛涅夫妇等法国现代艺术家从19世纪30年代直至20世纪初期近百年的优秀作品，游客在博物馆内可以欣赏到野兽派、立体派、巴黎画派和新写实主义的绘画、家具、立体雕刻和装饰艺术品等收藏品，是对现代艺术感兴趣的人不可错过的一处艺术展馆。

39 吉美博物馆

● ● ● 巴黎首屈一指的亚洲艺术博物馆　★★★★ 赏

位于巴黎第16区的法国吉美博物馆又名国立吉美亚洲艺术博物馆，是巴黎首屈一指的亚洲艺术博物馆。博物馆的创始人是里昂工业家爱米尔·吉美，他在埃及、希腊、日本、中国和印度的环球旅游中，收藏了大量艺术品，并于1889年正式建立这个博物馆。

最初，吉美博物馆主要展示的是埃及、古罗马、希腊和亚洲国家的宗教文化，后来，在一系列远东不同地区的考察探险之后，博物馆在保留古埃及宗教部分的同时，对亚洲国家越来越关注。

1927年，吉美博物馆归属法国博物馆总部，因而接纳了一大批探险家在中国和中亚地区考察探险时获得的艺术品。后来，博物馆又先后收到中南半岛博物馆的原件真品和法国赴阿富汗考察队提供的出土文物。同时，馆长约瑟夫·赫金完成了馆内中庭加顶工程，使得部分高棉收藏品得以展出。1945年起，法国国有博物馆的收藏品被大规模重新组合，吉美博物馆将其埃及部分转让给卢浮宫，后者则把亚洲艺术部分作为回赠。此外，吉美博物馆还以印度文化圈丰富的艺术收藏而在巴黎收藏界颇为知名。

> **Tips**
> 🏠 6 Place de Iéna,75116 Paris ☎ 01-56525300

40 毕加索美术馆

● ● ● 欣赏毕加索一生多姿多彩的艺术作品　★★★★ 赏

> **Tips**
> 🏠 5 Rue de Thorigny,75003 Paris ☎ 01-42742497 💰 6.7欧元 🕘 9:30—17:30，周二休息 🚇 乘地铁1号线至Saint-Paul站，出站即达

在欧洲的很多地方都有与毕加索相关的博物馆，而这其中当然少不了"艺术之都"巴黎。1973年，当这位艺术大师去世之后，他的继承者为了避免向法国政府缴纳高昂的遗产税，于是便想出了把一部分作品赠送给国家的主意，巴黎市便特意为这些作品建立了一所藏馆，这便成为了今天的毕加索美术馆。美术馆的前身原为巴黎艺术专业学院，是一幢华美的古典风格建筑。馆内藏有毕加索各个创作时期的作品，"蓝色时期"、"粉红色时期"、"黑人时期"、"分析和综合立体主义时期"的作品皆囊括其中，倘若前往观看，只怕会有种被艺术的强大震憾力压得喘不过气来的感觉。此外，这里还有一幅卢梭的画作，原为毕加索的私人收藏。当年，尚且穷困潦倒的卢梭去参加画家聚会，早已声名显赫的毕加索当场向大家宣布自己发现了一个天才，并且立即掏出15法郎买下了卢梭的作品，这段故事成为了艺术圈里流传至今的一段佳话。

41 奥赛博物馆

欧洲最美的博物馆

Tips

🏠 塞纳河的左岸 1 Rue de la Légion d'Honneur, 75007 Paris ☎ 01-40494814 ¥ 8欧元 ⏰ 10：00—18：00，周日9：00—18：00，周四10：00—21：45，6月21日至9月25日9：00开馆。周一闭馆 🚇 乘RER C线至Muse d'Orsay站；或乘地铁12号线至Solferino站，下车即达

被誉为"欧洲最美博物馆"的奥赛博物馆与卢浮宫、蓬皮杜艺术中心一道被称为巴黎三大艺术博物馆。奥赛博物馆坐落于法国巴黎塞纳河的左岸。这里原来是巴黎通往法国西南郊区的一个火车站，但在1940年即已没落，闲置了46年之后，1986年将火车站改建成奥赛博物馆。馆内主要陈列了1848—1914年间创作的西方艺术作品，汇集了法国近代文化艺术的精华，填补了法国文化艺术发展史上从古代艺术到现代艺术之间的空白。其中雷诺阿的《红磨坊舞会》、梵高的《自画像》、莫奈的《睡莲》等作品都是镇馆之宝。另外还收集了许多来自不同国家的艺术品，如建筑、雕塑、绘画、素描、摄影、电影、装饰艺术品等，都在这里有完整的展出。

法国攻略　巴黎其他

42 铸币博物馆
欣赏古老的钱币　　　　★★★★ 赏

巴黎拥有大量博物馆，其中位于艺术桥畔的巴黎铸币博物馆是一幢建于路易十五时期的建筑，收藏并展示了大量品类繁多的古代钱币，此外还有大量勋章、海报、印刷品和古文献等收藏品，各式各样的古钱币和勋章更是这间博物馆的特色。欣赏一下古代的钱币，了解古代的铸币技术，在浪漫之都巴黎的旅程也会变得不同一般。

Tips
🏠 11 Quai de Conti,75006 Paris ☎ 01-40465858 ¥ 8欧元 🕐 11：00—17：30，周一休息 🚇 乘地铁7号线至Pont-Neuf站，出站即达

43 橘园美术馆
印象派画作的圣地　　　　★★★★ 赏

Tips
🏠 1 Rue de la Légion d'Honneur,75007 Paris ☎ 01-40494814 ¥ 6.5欧元 🕐 12：30—19：00，周二休息 🚇 乘地铁1号、8号、12号线至Concorde站，出站即达

2006年结束装修重新对公众开放的橘园美术馆是喜爱现代绘画，尤其是喜爱印象派画作的游客来到巴黎后不可错过的一处圣地。在橘园美术馆内收藏了来自画商保罗·纪庸和尚·瓦德尔的捐赠画作，包括塞尚、雷诺阿还有德汉、莫迪利亚尼、苏丁等画家的作品都可以在这里欣赏到。莫奈在晚年创作的壁画——《睡莲》系列更是橘园美术馆的镇馆之宝。这里是一座收藏20世纪前后50年期间法国艺术界黄金时期代表作的现代美术馆。

44 雨果纪念馆
感受一代文豪的风采 ★★★★ 赏

法国文坛浪漫主义时期的杰出代表维克托·雨果在1832—1848年的16年时间里，一直与自己的妻子和4个儿女一同居住在孚日广场6号。在这期间，雨果完成了他的代表作《巴黎圣母院》，以及《悲惨世界》的大部分。这里同时也是雨果与当时文人聚会的场所。现今孚日广场6号已经被辟为雨果纪念馆，游客在纪念馆内可以通过雨果的著作、画作、文献资料和照片等藏品了解雨果当时的生活。值得一提的是，在纪念馆内有一处充满浓郁中国元素的餐厅，里面将雨果自我放逐到盖纳西岛时为自己相守50年的情人朱丽叶特费尽心思挑选的众多家具——重现，吸引了来自各地的雨果爱好者驻足欣赏。

Tips
🏠 6 Place des Vosges,75004 Paris ☎ 01-42721016 ¥ 免费 ⏰ 10：00—18：00，周一休息

45 波克普咖啡馆
巴黎第一家咖啡馆 ★★★★ 娱

Tips
🏠 13 Rue de l'Ancienne Comédie,75006 Paris ☎ 01-40467900 ⏰ 12：00至次日01：00

开业于1686年的波克普咖啡馆是巴黎市内第一家咖啡馆，同时更是全世界最古老的咖啡馆之一，300余年的时间积淀使波克普咖啡馆本身充满了厚重的历史感。在漫长的岁月中，各个不同时代的名人都曾经是这里的座上宾：18世纪最有名的作家伏尔泰曾经每天坐在波克普咖啡馆内进行自己的创作，19世纪的文学家巴尔扎克和浪漫主义派的大文豪维克托·雨果也都是这里的常客。现今店内豪华古典的装饰和这里厚重的历史氛围吸引着众多游客慕名而来，品尝一杯左岸咖啡，感受300余年的历史积淀。

法国攻略 巴黎其他

46 蒙马特达利空间
欣赏超现实主义大师的作品 ★★★★ 赏

位于蒙马特区的达利空间展示了这位来自西班牙东北部加泰罗尼亚地区的超现实主义大师——达利的大量作品，18岁时来到艺术之都巴黎的达利早在6岁就能画出成熟的风景画，10岁就以印象派画家自居，15岁定期撰写艺术评论，讨论文艺复兴时期的达·芬奇和米开朗基罗等艺术大师的作品。在巴黎生活期间，达利接触了野兽派、立体派等不同的绘画流派，最终形成了自己独特的艺术风格。游客在蒙马特达利空间内可以欣赏到达利的作品，感受这位超现实主义大师创造的奇异世界，了解他夸张怪诞的艺术风格。

Tips
11 Rue Poulbot,75018 Paris　01-42644010　10欧元　10:00—18:00　乘地铁2号线至Anvers站，出站即达；或乘12号线至Abbesses站，出站即达

47 蒙马特博物馆
了解蒙马特区的最佳地点 ★★★★ 赏

Tips
12 Rue Cortot,75018 Paris　01-46066111　7欧元　11:00—18:00，周一休息　乘地铁2号线至Anvers站，出站即达

蒙马特博物馆位于蒙马特区内一条狭窄偏僻的小巷，博物馆内展示了不同主题的展览，展品内容以曾经居住在蒙马特的艺术家创作的作品或是艺术家在蒙马特区完成的作品为主。游客在蒙马特博物馆内不仅可以欣赏各式各样的艺术作品，也可以了解蒙马特区的历史发展。值得一提的是，蒙马特博物馆是一幢建于17世纪的古老宅邸，这里曾经居住了雷诺阿、尤特里洛、杜菲、苏珊·法拉登等知名艺术家。环绕在博物馆周围的花园更是美丽典雅，吸引了众多来到蒙马特区的游客驻足停留，用手中的相机拍下这美丽的景色。

48 | 国立中世纪博物馆

走近并接触中世纪的好去处

★★★★ 赏

Tips

📍 6 Place Paul Painlev,75005 Paris ☎ 01-53737800 ¥ 6.5欧元，每月第一个周日免费 🕐 9：15—17：45 🚇 乘地铁10号线至Cluny-la-Sorbonne站，出站即达

漫长的中世纪是欧洲乃至整个人类历史上一段极为重要的岁月，留下了许多弥足珍贵的财富，而巴黎拉丁区的国立中世纪博物馆，便给人们提供了一个接触并了解中世纪的好去处。

其实，博物馆的原称应当是"克吕尼公共浴室与教士院博物馆"，源自构成博物馆主体的两幢建筑最早的用途。此前则是著名的收藏家杜索梅拉尔的私人藏馆。1842年，杜索梅拉尔去世，博物馆及其馆内的藏品被巴黎市移交给了法国政府，于1844年对公众开放，后于1992年被正式命名为"国立中世纪博物馆－公共浴池与教士院"。

馆内现有藏品2.3万余件，包括900件石雕、1300件木雕、300件象牙制品、700~750件金银器、70件织毯、50件彩图读物、200件12~16世纪的教堂花玻璃，以及大量玩具、武器、日用品、朝圣图标等，平均每年接待游客约27万人次，其中40%都是外国人。

法国攻略　巴黎其他

法国
攻略HOW

Part.7 诺曼底

诺曼底因"二战"时1944年6月6日的诺曼底登陆而闻名世界，风景迷人的诺曼底自古就是法国知名的海滩度假胜地，同时享有巴黎第21区之称。

诺曼底 特别看点！

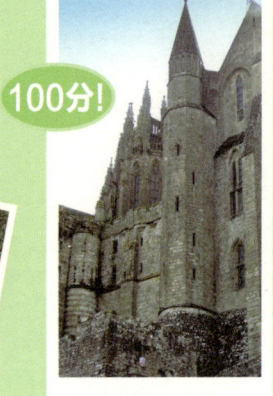

第1名！ 圣米歇尔山修道院！ 100分！
★ 宗教建筑云集的景点，欣赏大海美景！

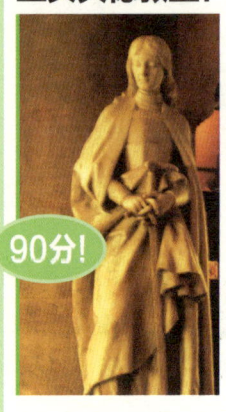

第2名！ 圣女贞德教堂！ 90分！
★ 纪念法国历史上女英雄的教堂，贞德遇难的刑场！

第3名！ 鲁昂圣母大教堂！ 75分！
★ 一栋极具魅力的哥特式教堂！

01 联军登陆博物馆
纪念诺曼底登陆的博物馆 ★★★★赏

位于诺曼底海岸附近的联军登陆博物馆是一个纪念那场著名的登陆战的博物馆。这个博物馆里的展品众多，有当时盟军士兵所使用的武器装备，还有许多与登陆作战相关的照片、图片资料，这里还有许多反映战况的文字资料，它们是由英国海军司令部记录下来的真实资料。联军登陆博物馆内还有反映登陆状况的场景模型，无论是盟军的进攻情形还是德军的防御战线都被清晰地展现出来，游客可以一窥战场上惨烈的场面。

Tips
☎ 02-31223431 ¥ 6欧元

02 印象派美术馆
收藏印象派画家的作品 ★★★★赏

吉维尼是印象派大师莫奈的主要住处之一，因而这里的印象派美术馆就是一个以该流派作品为主要展出物的主题展馆，也是法国仅次于巴黎的印象派画作收藏最丰富的美术馆。来到这里可以看到诸多印象派大师的艺术作品，那些被创作下来的永恒瞬间，尤其是光影交错的画面更是有着无穷的魅力。印象派美术馆中收集了不少莫奈的作品，而雷诺阿、梵高和塞尚等大师的作品也可见到。

Tips
🏠 99 Rue Claude Monet 🚌 Giverny巴士站下
☎ 02-32519465 ¥ 6.5欧元

03 布迪旅店
第一批印象派画家投宿之地 ★★★★ 赏

布迪旅店是众多印象派画家曾经居住过的地方，1883年，莫奈首次来到这里，之后塞尚、希斯以及一批美国画家也慕名而来。现今，布迪旅店内依旧保留了一处古老的画室，各种画具随意摆放散落，仿佛那些画家随时都会继续作画。

> **Tips**
> 🏠 81 Rue Claude Monet 🚌 Giverny车站步行5分钟 ☎ 02-32211003

04 莫奈花园
大画家莫奈的花园 ★★★★ 赏

> **Tips**
> 🏠 84 Rue Claude Monet 🚌 Giverny巴士站下
> ☎ 02-32512821 ¥ 6.5欧元

位于吉维尼的莫奈花园是大画家莫奈住处的后花园，具有独特的艺术气息，颇具游览的价值。这座花园有着独特的不对称形状，它由莫奈亲自设计，被他自己评论为："这是我最美的作品。"莫奈花园的奇妙之处在于，这里充满了热情洋溢的天然色彩，无论是绚丽的鲜花，还是碧绿的池水，都和洁白的莲花巧妙地融合在一起，构成一幅令人惊叹不已的风景画，来到这个花园可以感受到莫奈别出心裁的艺术设计和美丽的自然风情。

法国攻略 · 诺曼底

05 格朗维尔小镇
时尚大师出生的小镇 ★★★★ 逛

Tips
🏠 从圣米歇尔山乘巴士在Pontorson换乘火车在格朗维尔下

格朗维尔小镇是著名的时尚设计大师克里斯蒂安·迪奥的出生地，因而在国际上颇为知名，但是游客都是为了小镇独特的风景而来的。这个古老的小镇位于海滨，最著名的景点则是奔腾不息的海浪反复冲击悬崖峭壁，这种震撼的壮观场面是难以用言语来表达的，尤其是浪花飞溅的时候，更能让人体会到大自然的无穷威力。小镇的古老房屋又是这里的一大景观，漫步在街道上的游客可以尽情领略法国建筑艺术的独特魅力。

06 鲁昂圣马克劳教堂
鲁昂最著名的宗教景点 ★★★★ 赏

Tips
🏠 3 Place Barthélemy, 76000 Rouen, France
☎ 02-31143114

建造于14世纪的鲁昂圣马克劳教堂是哥特式建筑的代表作之一，它有着独特的外观造型。这座教堂有无数三角形的线条和圆拱，它们相互连接，构成了一个个华美的图案，令人叹为观止，呈现出建筑艺术中著名的火焰哥特式建筑风格。圣马克劳教堂内部的装饰简朴大方，只有那华丽的玫瑰窗才给这里带来一丝绚丽的色彩。走进教堂中庭可以看到高耸的尖顶，那也是这座教堂的一大特色。

07 多维尔娱乐场
多维尔的著名旅游景点 ★★★★ 玩

Tips
🏠 Rue Edmond Blanc ☎ 02-31143114

自从法国进入工业时代以来，多维尔就是欧洲北部的交通枢纽，因而各种吃喝玩乐的设施也是一应俱全。多维尔的娱乐场也是欧洲最早的现代赌场之一，它始建于19世纪中期，现在的建筑则是在原址上重建的。娱乐场装修豪华，富丽堂皇，各种细节细致周到，老虎机、俄罗斯轮盘、扑克牌等设施应有尽有。

08 圣米歇尔山修道院 100分!

宗教建筑云集的景点 ★★★★★ 赏

Tips
🏠 Abbaye du Mont-Saint-Michel, Le Mont-Saint-Michel, France 🚌 从巴黎蒙巴纳斯车站乘坐TGV火车在雷恩换乘开往圣米歇尔山的巴士即可
☎ 02-33898000

圣米歇尔山修道院是圣米歇尔山上最著名的景点，这里汇聚了不同时期的基督教建筑，包括有修道院、教堂等。这座修道院的历史极为悠久，它建于8世纪，其前身是古罗马时期的祭坛，用于纪念名为圣米歇尔的天使。该修道院具有古罗马建筑一贯的大气风格，它的外墙全部是由花岗岩石砌筑而成的，极为坚固雄壮。有趣的是，圣米歇尔山修道院所在的地方是一个小岛，所以这里还是欣赏大海美景的地方，尤其在涨潮的时候，那种壮观的景色令人感叹不已。

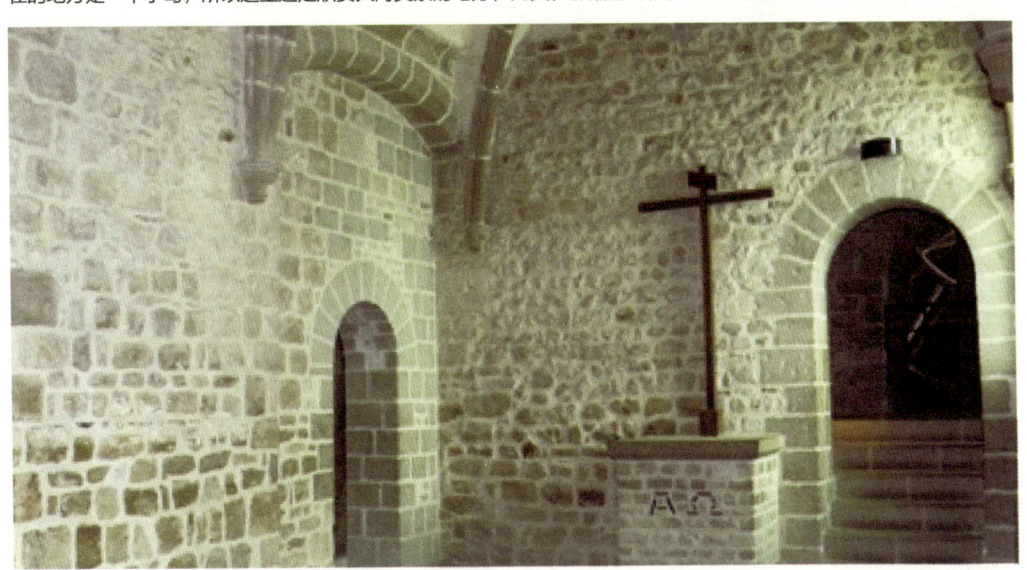

09 鲁昂旧城区

古建筑云集的地方 ★★★★ 逛

位于鲁昂市区中的旧城区是一个欣赏法国古建筑的好地方，大文学家福楼拜就出生在这里。蓝色塞纳河静静流淌于鲁昂的市区间，穿过那些历经沧桑的桥梁，就到了古色古香的旧城区。这里的建筑多为中世纪时期所建，很多都被辟为各种博物馆和展馆，因而给该城带来了"博物馆城"的美誉。漫步在古老的街道上，看到的都是一些洋溢着法兰西风情的房屋，仿佛穿越了时光隧道，来到了那充满着宁静气息的旧时代。

Tips
🚇 乘地铁在Palais de Justice站出站

法国攻略 诺曼底

135

10 鲁昂圣母大教堂　75分!

鲁昂的标志性建筑　★★★★★　赏

鲁昂圣母大教堂是一栋极具魅力的哥特式教堂，同时也是欧洲最为雄伟壮观的教堂之一。这座教堂高大宏伟，有着惊人的气势，各处高耸的尖顶是这里的最大特点，尤其是那高达151米的铸铁钟楼尖顶，则是法国同类建筑中最高的。鲁昂圣母大教堂内部的装饰也是极具魅力的，尤其是大型彩绘窗上还刻绘着自13世纪以来的法国历史片段，也是非常精美的艺术品。有趣的是每到夜间，这座古老的教堂就会被绚丽的灯光所笼罩，同时显现出莫奈大师的不朽巨作。

Tips
乘地铁在Palais de Justice站出站

11 圣女贞德教堂　90分!

纪念法国历史上女英雄的教堂　★★★★★　赏

圣女贞德教堂是纪念在英法百年战争中英勇奋战，却不幸被自己人出卖的女英雄贞德的地方。这座教堂的原址是当年英国人杀害贞德的刑场，在这里纪念这位女英雄有着独特的意义。圣女贞德教堂与传统的宗教建筑的风格大相径庭，这座建于20世纪70年代末的教堂有着相当独特的后现代主义风格。它的造型取自诺曼底人的祖先维京人所惯用的海盗战船，象征着当地居民的不屈精神。教堂墙壁上还有一块浮雕展现的是贞德英勇就义时的情形，极为精美，令观者无不感动。

Tips
60 Rue Chevalier de la Barre,33130 Bègles,France　05-56859008

12 圣马克劳墓地
见证欧洲中世纪的黑死病 ★★★★ 赏

Tips
📍 81 Rue Clau de Monet 🚉 Giverny车站步行5分钟 ☎ 02-32211003

　　1348年，欧洲各国曾经流行鼠疫，这场被称为黑死病的可怕瘟疫夺去了当时鲁昂地区超过3/4的人口，圣马克劳墓地就埋葬了当时众多死难的百姓，成为见证中世纪黑死病的代表墓地之一。此外，圣马克劳墓地南侧的房舍内还设有鲁昂美术学院。

13 鲁昂大钟楼
鲁昂的地标性建筑 ★★★★ 赏

　　历史悠久的鲁昂大钟楼是该城最著名的景点之一，来到这里旅游的人们无不拍照合影，留下美好的瞬间回忆。这座钟楼融合了哥特式与文艺复兴式等多种建筑风格，有着非凡的气势。大楼的主体部分高大坚固，并刻有美丽的花纹，而作为核心部分的大钟有着朴实无华的形态，位于它下方拱廊上的复活节羔羊塑像则是这座城市的象征。这座钟楼会在固定的时间报时，悠扬的声音响彻全城。

Tips
📍 97 Rue du Gros-Horloge,76000 Rouen, France ☎ 02-35710949

法国攻略 诺曼底

137

法国
攻略HOW

Part.8 布列塔尼

布列塔尼自古就独立于法国，直到16世纪才并入法国的统治，在这里可以欣赏当地独特的民俗文化与建筑风格。

法国攻略

布列塔尼

布列塔尼 特别看点！

第1名！
雷恩旧城区！  
100分！
★ 古朴的中世纪古城，漫步观光的好去处！

第2名！
布列塔尼议会宫！ 
90分！
★ 曾象征法国主权的议会大楼，欣赏精美的壁画！

第3名！
孔卡诺岛！ 
75分！
★ 独特的城中之城！

---

01 雷恩旧城区　100分！
古朴的中世纪古城　　　　　　　★★★★★　逛

18世纪时一场大火将雷恩古城毁掉大半，现今幸存的旧城区依旧洋溢着浓郁的中世纪风情，古色古香的街道上随处可以看到有数百年历史的古建筑，恍如步入时光隧道一般，是漫步观光的好去处。

Tips
🚇 乘地铁在Republique站下

140

02 圣皮埃尔教堂
庄严雄伟的教堂 ●●● ★★★★ 赏

Tips
🚇 乘地铁至Republique站，出站步行10分钟

始建于公元6世纪的圣皮埃尔教堂在历史上曾经历过无数次修缮扩建，现存主体建筑建于1784年，并于1844年落成，是一幢新古典风格的建筑。教堂的正面门厅建于15—17世纪，门上装饰有圣皮埃尔的雕像。作为雷恩大主教辖区内重要的教堂，1855年时任雷恩大主教的Brassy Saint-Marc主持完成了教堂大厅的翻新工程。

03 圣救者教堂
多种建筑风格汇集的教堂 ●●● ★★★★ 赏

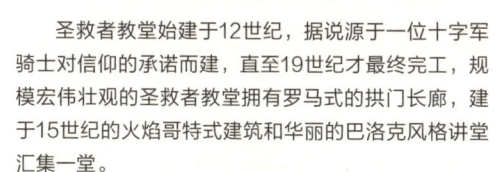

圣救者教堂始建于12世纪，据说源于一位十字军骑士对信仰的承诺而建，直至19世纪才最终完工，规模宏伟壮观的圣救者教堂拥有罗马式的拱门长廊，建于15世纪的火焰哥特式建筑和华丽的巴洛克风格讲堂汇集一堂。

Tips
🚇 迪南火车站向前步行10分钟

04 迪南旧城区
浓郁的中世纪风情 ●●● ★★★★ 逛

Tips
🚇 迪南火车站向前步行10分钟

迪南旧城区是一处充满浓郁中世纪风情的老城区，沿着鹅卵石铺成的街道漫步而行，沿街汇集了众多中世纪风格的木条老屋，而Rue du Jerzual是旧时这座小镇最主要的道路，现今则是众多街头艺术的聚集之处。

05 HB陶器工厂
美丽的传统手工陶器 ●●● ★★★★ 赏

建于1690年的HB陶器工厂迄今已有300余年历史，工厂所在的坎佩尔拥有悠久的制陶历史，其独特的上釉技巧使这座小镇在18世纪成为欧洲的陶器制作中心。融入布列塔尼当地民俗风情的彩绘陶器美轮美奂，深受各地收藏者喜爱。

Tips
📍 Rue Haute-Locmaria 🚇 坎佩尔火车站步行5分钟即可到达 ☎ 02-98900936 💰 5欧元

法国攻略 布列塔尼

06 布列塔尼议会宫

曾象征法国主权的议会大楼 90分! ★★★★★ 赏

布列塔尼在1532年并入法国，建成于1655年的布列塔尼议会宫象征着法国主权，在1709年完成内部装饰。自建成以来，布列塔尼议会宫一直是当地的政治中心，现今则是上诉法院所在地，大楼内以布列塔尼历史为主题的壁画颇为精美。

> **Tips**
> 🚇 乘地铁至Republique站，出站步行10分钟

07 盐之路

中世纪风情浓郁的街道 ★★★★

中世纪风情浓郁的盐之路沿街两侧林立着众多熟食店，可以买到各种香肠和熏猪肉，穿过盐之路就可来到古朴的坎佩尔旧城区，这里保存完好的木条屋古色古香，吸引众多游人拍照留念。

> **Tips**
> 🏠 Rue du Salle 🚇 坎佩尔火车站步行15分钟即可到达

08 坎佩尔美术博物馆

浓郁意大利风情的美术馆 ★★★★ 赏

建于1864年的坎佩尔美术博物馆最初是展示工程师Conte Jean-Mariede Silguy伯爵所捐献绘画作品的展馆，这座由设计圣科伦坦教堂的建筑师Joseph Bigot建造的博物馆是一幢洋溢着浓郁意大利风情的建筑，收藏了14世纪至今的众多欧洲绘画。

> **Tips**
> 🏠 40 Place Saint-Corentin 🚇 坎佩尔火车站步行20分钟即可到达 ☎ 02-98954520 💰 4.5欧元

09 圣科伦坦教堂
宏伟的哥特式建筑 ★★★★ 赏

> **Tips**
> 🚆 坎佩尔火车站步行10分钟即可到达

始建于13世纪初的圣科伦坦教堂历经数百年，直至19世纪还未最终完工。据说当时的主教Raynaud心仪巴黎圣母院的庄严与雄伟，因而希望圣科伦坦教堂的外观也能效仿巴黎圣母院，最终成为一座宏伟的哥特式建筑。

10 拉兹角
布列塔尼人中的"天涯海角" ★★★★ 赏

在布列塔尼人心中，拉兹角就是陆地最西端的"天涯海角"，在这里可以看到圣母挽救沉船的雕像，以及一望无际的万里碧波。

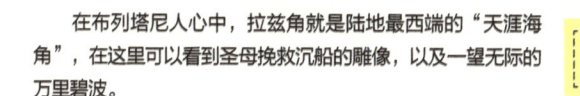

> **Tips**
> 🚌 从坎佩尔乘巴士在拉兹下 ☎ 02-98706718

11 圣托诺恩圣母教堂
描述耶稣一生经历的雕刻 ★★★★ 赏

> **Tips**
> 🚌 Audierne Bay

建于1450年的圣托诺恩圣母教堂以精美的雕刻闻名，教堂建筑上的雕刻以耶稣基督的故事为主轴，详细地描述了其一生的经历。此外，在教堂各处还装饰有200余座小雕像，工艺精湛，颇为精美。

12 洛克罗南小镇
法国最美丽的小镇之一 ★★★★ 逛

> **Tips**
> 🚌 Place de la Mairie, Locronan　从坎佩尔乘巴士在洛克罗南下 ☎ 02-98917014

悠闲淳朴的洛克罗南小镇旧时曾以工匠和艺术闻名，在最繁盛的时期，这里几乎包揽了附近所有船只的帆布制造，又用换来的财富建成了镇上装饰华丽的建筑，素有法国最美丽的小镇之一的赞誉。

法国攻略　布列塔尼

143

13 爱情森林 ★★★★ 赏
●●● 高更与塞鲁西叶相遇的地方

Tips
🚌 Pont-Aven巴士站步行10分钟

1888年9月，高更在爱情森林曾经对塞鲁西叶进行了绘画指导，被后世称为爱情森林课程的这次指导将塞鲁西叶从传统的色彩运用中解放出来，激发了其绘画想象，为后来其绘画生涯打开了一个全新的世界。

14 七岛 ★★★★ 玩
●●● 海鸟栖息的大本营

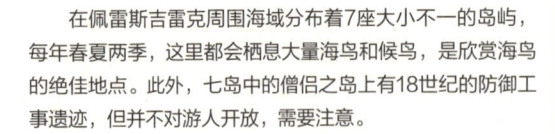

在佩雷斯吉雷克周围海域分布着7座大小不一的岛屿，每年春夏两季，这里都会栖息大量海鸟和候鸟，是欣赏海鸟的绝佳地点。此外，七岛中的僧侣之岛上有18世纪的防御工事遗迹，但并不对游人开放，需要注意。

Tips
📍 Gare Maritime,Plage de Trestraou, Perros-Guirec ☎ 02-96911000 💰 14欧元

15 孔卡诺岛 (75分!) ★★★★ 逛
●●● 城墙环绕的小岛

在孔卡诺岛上有一座被古老城墙包围着的小城，据说在14世纪这里曾经落入英军控制，布列塔尼人在夺回小岛后就开始修建了众多堡垒和防御工程，从而形成了这里独特的城中之城。现今的孔卡诺岛作为知名旅游景点，拥有众多餐厅和商店，逛街购物之余，游人也可来到港口享受海风吹拂的快感。

Tips
🚌 坎佩尔乘14A线巴士在孔卡诺下 ☎ 02-98970144（孔卡诺旅游局旅客服务中心）

法国攻略 — 布列塔尼

16 丽港修道院
高雅的哥特式建筑 ★★★★ 赏

Tips
🏠 Abbaye de Beauport-Kerity,Paimpol ☎ 02-96551858 ¥ 5.5欧元

由高卢伯爵在13世纪下令修建的丽港修道院是一座高雅的哥特式建筑，在中世纪时期曾经繁盛一时，直到法兰西斯一世在位期间这里才因为战争波及而逐渐衰落。在丽港修道院现存的建筑内，游人依旧可以从残存的壁画和中殿、回廊等建筑中感受这里昔日的光彩。

17 佩雷斯-吉雷克
布满粉红色花岗岩的海滩 ★★★★ 玩

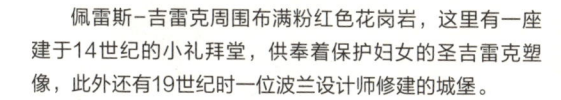

佩雷斯-吉雷克周围布满粉红色花岗岩，这里有一座建于14世纪的小礼拜堂，供奉着保护妇女的圣吉雷克塑像，此外还有19世纪时一位波兰设计师修建的城堡。

Tips
🏠 Plage Saint-Guirec Ploumanac'h,Perros-Guirec ☎ 02-96914087

18 朗波勒·吉米利欧牧区教堂
当地传统而独特的教堂 ★★★★ 赏

Tips
🚌 Guimiliau西边

朗波勒·吉米利欧牧区教堂是布列塔尼地区传统而独特的教堂建筑群，在方方正正的围墙中有耶稣基督受难像、藏骨堂、牌楼和庭院，各种镀金装饰的木头雕像向游人描述了一幕幕圣经故事，别具特色。

19 布雷阿岛
宛如花园般的岛屿 ★★★★ 玩

布雷阿岛分为南北两座小岛，中间由军事工程师Vauban在18世纪设计修建的一座Pont au Prat大桥相连接。由于布雷阿岛独特的气候条件，即使在冬天也会保持6℃的平均气温，因而生长了大量含羞草、绣球花、无花果等植物，宛如天然花园一般。

Tips
🏠 Route embarcadere,Ploubazlanec 🚌 从Paimpol乘CAT巴士9号线在L'Arcouest站下 ☎ 02-96557950 ¥ 14欧元

法国攻略　布列塔尼

145

法国
攻略HOW

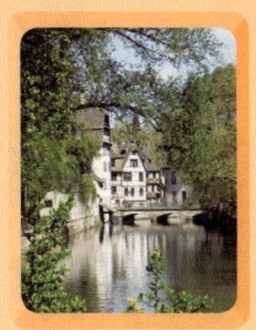

Part.9 斯特拉斯堡

　　斯特拉斯堡所在的阿尔萨斯地区地处法国、德国、瑞士三国交界，因而这里的风俗、饮食以及建筑风格全都充满浓郁的德国风情，是一处可体验多元文化的地区。

斯特拉斯堡 特别看点!

法国攻略 | 斯特拉斯堡

第1名!
斯特拉斯堡圣母院大教堂!
100分! 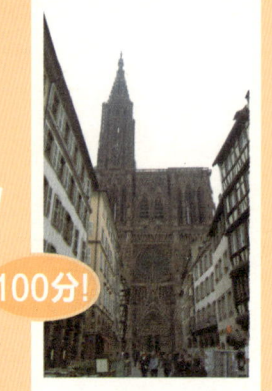
★ 斯特拉斯堡的标志性建筑，时间准确的巨大天文钟！

第2名!
小威尼斯! 
90分!
★ 极具威尼斯风情的小镇，充满浪漫气息的地方！

第3名!
小法国区! 
75分!
★ 充满水乡色彩的景点，斯特拉斯堡最美丽的水乡！

01 斯特拉斯堡圣母院大教堂 （100分!）
斯特拉斯堡的标志性建筑 ★★★★★ 赏

来到斯特拉斯堡，首先映入眼帘的就是气势雄伟的斯特拉斯堡圣母院大教堂，这座动工于12世纪末的大教堂用了200多年的时间才修筑完成。这是一座典型的哥特式教堂，拥有雄伟壮观的外形，并营造出一种庄严凝重的氛围，它的墙体全部是由孚日山脉的玫瑰红砂岩构筑的，有着独特的色彩。斯特拉斯堡圣母院大教堂不但拥有高耸的尖顶，还有一座天文巨钟，它在运行的几百年里一直与标准时间分秒不差，这在钟表史上也是相当罕见的。

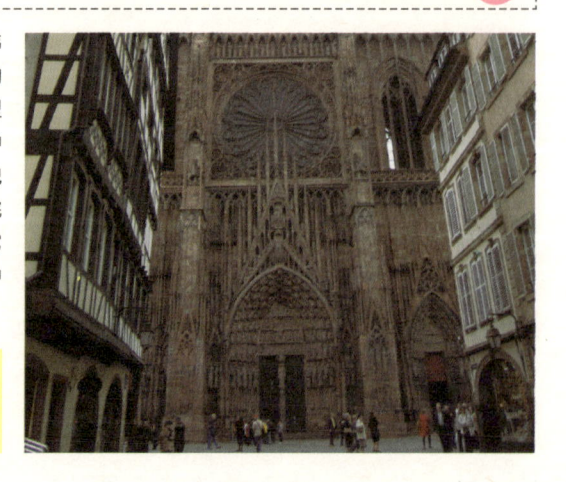

Tips
📍 60 Rue Chevalier de la Barre, 33130 Bègles, France ☎ 05-56859008

148

02 小法国区　75分！
充满水乡色彩的景点

小法国区是斯特拉斯堡属于神圣罗马帝国时期时法国人的聚集地，这里的建筑充满着浪漫的法兰西风情，并因此得名。这个街区位于斯特拉斯堡的母亲河伊尔河沿岸，中间又有几条运河纵横交汇，从而形成了这里的独特风情。小法国区的建筑大都保存完好，它们是少见的黑白木结构的房屋，拥有独特的中世纪风情，十分值得拍照留念。沿着河岸前进还能看到一座座古朴典雅的石桥，它们的身影倒映在平静的河面上，是这里宁静氛围的真实写照。

Tips
斯特拉斯堡中央火车站出站步行10分钟

03 科尔马尔菩提树下博物馆
由修道院改建而来的博物馆

科尔马尔菩提树下博物馆是阿尔萨斯地区著名的以艺术品为主题的博物馆，它位于一栋古老的哥特式修道院内，拥有许多珍贵的展品。这个博物馆里主要的展出物大都是中世纪及文艺复兴时期的作品，其中最著名的是德国画家格吕内瓦尔德所作的《伊森海恩祭坛画》，它被放置于馆内最醒目的位置上。当然，哈勒的《耶稣受难像》以及科尔马尔的《骄傲》、马丁·盛高厄的作品也都是极具观赏价值的。

Tips
1 Rue d'Unterlinden,68000 Colmar,France
03-89201550

法国攻略　斯特拉斯堡

149

法国攻略

斯特拉斯堡

04 人头屋
科尔马尔的一大特色景点 ★★★★★ 赏

Tips
🏠 Rue des Tetes 🚆 从巴黎乘开往斯特拉斯堡的快速火车，之后换乘开往巴塞尔的火车到科尔马尔站下车

人头屋是一个以人头塑像为展出物的独特景点，它是一栋17世纪初建造的文艺复兴式的房屋，是来到科尔马尔不可错过的景点。这栋房屋的造型古朴典雅，被誉为科尔马尔城区的两大古景之一，房屋的墙壁上则装饰着100多尊人头雕刻。这些雕刻精美无比，五官鲜明，表情丰富，令人惊叹不已。这个景点是特别适合拍照留念的地方，有兴趣的游客还能到屋内的餐厅用餐，品尝正宗的阿尔萨斯美食。

05 里克威尔
葡萄酒之乡 ★★★★ 逛

Tips
🚌 在科尔马尔火车站乘106路巴士即可到达

里克威尔是著名的葡萄酒产地，是阿尔萨斯"酒乡之路"上的重要一站。这个小镇的古建筑保存得极为完整，尤其是高大的城墙更是当地的一景。漫步里克威尔街头还能看到那些保持着旧时姿态的房屋，铺满块石的庭院、精致的小角楼与繁复的木雕装饰，再加上布满鲜花的阳台与锻造的招牌，它们共同构成了这里引以为豪的古老风情。来到小镇之外就能看到无边无际的葡萄园，令人心旷神怡。

06 小威尼斯

极具威尼斯风情的小镇

90分!

Tips
从巴黎乘开往斯特拉斯堡的快速火车，之后换乘开往巴塞尔的火车到科尔马尔站下车

小威尼斯是科尔马尔城的别称，因城内的河道及其周边风情酷似意大利的古城威尼斯而得名。这是一个充满浪漫气息的地方，游客们乘坐着与威尼斯极为相像的平底船开始了漫游的行程。河道两侧古朴的房屋，一座座典雅的石桥，都有着独特的魅力，让来到这里的人们为之沉醉不已。小威尼斯现在的宁静气息很难让人想象到这里曾是热闹繁华的水上运输中心，一桶桶美味的葡萄酒从这里运出，皮革商们则在这里清洗货物并进行交易。

法国攻略

斯特拉斯堡

07 巴尔托尔迪博物馆
纪念自由女神像作者的博物馆　★★★★ 赏

作为美国象征的自由女神像的创作者巴尔托尔迪是小城科尔马尔的骄傲，纪念他的博物馆也位于这里。这个博物馆是由巴尔托尔迪的故居改建而成的，可以在这里了解到艺术家的生平以及他的众多作品介绍，仅他的作品模型就有60多件。当然，来到这里自然少不了各种各样的与自由女神像相关的资料，馆内还再现了自由女神像那复杂的拼装过程，同时还有按原雕像一半比例复制的雕塑可供参观。

Tips
30 Rue des Marchands 从巴黎乘开往斯特拉斯堡的快速火车，之后换乘开往巴塞尔的火车到科尔马尔站下车 03-89419060 4.3欧元

08 里博维莱
"酒乡之路"上最著名的景点　★★★★ 逛

Tips
在科尔马尔火车站乘106、109路巴士即可到达

里博维莱是阿尔萨斯的著名景区，这里的古朴风情吸引着来自世界各地的游客。小镇上最著名的景点是那栋典雅的钟楼，它是罗马式的城门建筑，简洁大方，来到这里的游客们都会在此合影留念。沿着里博维莱的那条名为Grand Rue的主干道前进，可以看到这里的独特风景，屋顶上的圆柱是专门用来让鹳鸟筑巢的，这也是人与自然和谐相处的标志。来到这里还能够品尝美味的葡萄酒和当地特有的佳肴。

09 凯斯堡
风景秀丽的古镇　★★★★ 逛

凯斯堡本是阿尔萨斯地区一个重要的战略据点，这里居高临下扼守着莱茵河谷，曾充满着金戈铁马的气息，到了近代则演变成为一处重要的葡萄酒产地。这里的古建筑众多，最著名的当属建造于13世纪的城堡，其他民间房屋建造于不同的时代，哥特式、巴洛克式、文艺复兴式等建筑风格应有尽有，可谓一处建筑博物馆。漫步在古镇街头，可以看到那些各有千秋的典雅房屋，来到古老的堡垒桥上可以俯瞰莱茵河谷的优美景色，眺望远方的美好风光。

Tips
Rue de General de Gaulle入口 在科尔马尔火车站乘145路巴士即可到达

10 艾古斯汉

阿尔萨斯最古老的城镇

艾古斯汉是一个历史悠久的小镇，这里最早的活动痕迹可以追溯到罗马帝国之前，因而名人辈出，其中最著名的当属罗马教皇里奥九世。小镇上的古建筑众多，其中历史最为久远的则是Maison Monseigneur Stumpf，它建于14世纪，在近代以前一直是这里的行政中心；镇上的大教堂也是一个不逊于前者的古老建筑。艾古斯汉的最大特色在于随处可见的鲜花，这里还曾获得了"全法花卉城市竞赛"的冠军。

Tips
- 在科尔马尔火车站乘208、440路巴士即可到达

法国攻略

斯特拉斯堡

153

法国
攻略HOW

Part.10 里昂

里昂在古罗马时代曾经是一座繁荣的城市，1世纪时君士坦丁大帝将这里作为高卢王国的都城。工业革命时代，里昂作为欧洲最大的纺织业中心而享誉欧洲，同时奠定了里昂这座城市在法国的地位。现在的里昂是蜚声全球的"文化之城"，是浪漫优雅的"内衣之城"，同时也是新旧城区的建筑完美交织融合的典范。

里昂 特别看点！

第1名！
里昂贝勒库尔广场！ 
100分！
★ 里昂的市中心，也是欧洲最大的广场之一！

第2名！
里昂老城！ 
90分！
★ 感受里昂浓厚的文化底蕴！

第3名！
蓝色火车餐厅！ 
75分！
★ 曾有大名人光顾，典雅奢华！

---

01 里昂贝勒库尔广场
100分！
欧洲最大的广场之一 ★★★★★ 逛

Tips
🏠 33 Place Bellecour, 69002 Lyon ☎ 04-72402907

贝勒库尔广场是欧洲最大的广场之一，也是里昂的市中心。建于1713—1738年的贝勒库尔广场地处隆河和颂恩河之间，从罗马时代起就有人居住，16世纪开始有城市建筑，还曾经是阅兵场，后来才成为公共空间。贝勒库尔广场东、西边建筑物的历史可追溯至路易十四统治时期，广场南边和北边的建筑物则可以追溯到16—20世纪，而广场旁的Rue Victor Hugo大道，则是里昂市主要的步行购物大街。广场中央最醒目的是建于19世纪初的路易十四骑马雕像，这座雕像不仅是广场的象征，也是广场东边与西边的分界线。广场四周的古建筑物大部分在法国大革命时遭到破坏，现在所见的是19世纪初重新建造的。广场四周花店、咖啡店及餐馆林立，是最佳休憩之处。

法国攻略 里昂

156

02 蓝色火车餐厅　75分！　吃
●●● 典雅奢华的怀旧风情　★★★★★

1900年为巴黎万国博览会而建的蓝色火车餐厅外观朴实，但内部空间的规划、墙上与天花板上的巨幅油画、餐厅内的桌椅、服务生的绅士气质，乃至更衣间都充满典雅奢华的怀旧风情，无一不在向人们展示着那个时代的美好情调。可可·香奈儿、碧姬·巴铎、达利等名人都曾在蓝色火车餐厅用餐，吸引了众多游客不远万里来到这间典雅奢华的餐厅，如同那些心目中的偶像一般享用一杯香醇的法式咖啡，感受这里奢华的情调。

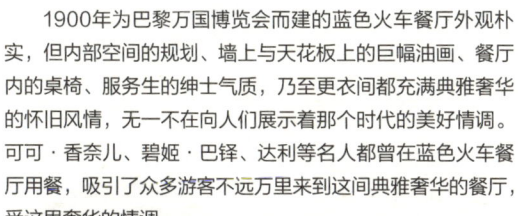

Tips
🏠 20 Boulevard Diderot, 75012 Paris ☎ 01-43430906 🚇 乘地铁1号、14号线至里昂火车站，出站即达

03 纺织博物馆　赏
●●● 精美的纺织艺术　★★★★

里昂是一个纺织业发达的城市，里昂的纺织博物馆是在100多年前由当地的纺织工商会成立的。博物馆除了设有国际传统织品研究中心外，也展出14—19世纪欧洲各国的纺织品，是全球同类型博物馆中展品最丰富、最精致的一个。最特别的是，你还会看到织布工用古老的织布机织出许多罕见的漂亮丝织品。纺织博物馆的展品一部分来自于私人的捐献和遗赠，还有一部分是从世界各地搜集而来。除了常规展览，博物馆还举办了中国服饰展、波兰腰带肩带展、歌剧服饰展等专题展览。

Tips
🏠 33 Place Bellecour, 69002 Lyon ☎ 04-78384200 ¥ 6欧元 🕙 10:00—17:00，周一休息

法国攻略　里昂

04 里昂歌剧院

● ● ● 现代感十足的歌剧院　　　　　★★★★ 赏

> **Tips**
> 📍 Place de la Comédie,69001 Lyon ☎ 08-26305325

里昂歌剧院原是文艺复兴时期留下的产物，经过了多次的修整改建，目前的景观是近几年才改造完成的。自1993年起，玻璃结构的建筑开始在里昂引领风骚。里昂歌剧院先前建筑的四个门面与廊厅，内部已呈斑驳状，重新改造之后则极具水准，内部空间也较先前扩增了一倍。另外歌剧院地下有5层，而屋顶的玻璃结构造型也颇具现代感。来到此处除了可以欣赏精彩的歌剧外，还可欣赏到特殊的建筑之美。

05 圣让首席大教堂

● ● ● 拥有近千年历史的首席大教堂　　　　　★★★★★ 赏

里昂的圣让首席大教堂位于索恩河畔，始建于12世纪末，建造时间长达近3个世纪。尽管从建筑规模上来说，这座教堂并不算特别宏伟，但却因为糅合了罗曼和哥特两种强烈的建筑风格，并且因为资格老、地位高的缘故而驰名远近——里昂的大主教享有首席大主教的地位，所以他的座堂也就成为"首席大教堂"。曾经在这里留下过足迹的名人很多，例如教皇约翰二十二世，便是在这里举行了自己的加冕仪式，而法国国王亨利四世和他的王后玛丽亚也是在这里举行的婚礼。

> **Tips**
> 📍 Place Saint-Jean,69005 Lyon ☎ 04-78422825 💴 免费 🕐 周一至周五8：00—12：00，14：00—19：30；周六至周日14：00—17：00
> 🚇 乘地铁至Vieux Lyon站，下车即达

06 里昂灯光节

节日期间的"光明使者"

Tips

🏠 里昂市区

里昂的灯光节最早可以追溯到19世纪中叶，当时的人们每到12月初，都会在自家的窗台或门前点起烛光，感谢传说中的圣母玛丽亚为人们驱走了可怕的瘟疫。这项活动后来被确定为一个正式的节日，并且因为科技的进步，灯光也逐渐地取代了古老的烛光，成为节日期间的光明使者。每逢节日期间夜幕降临，漫步里昂街头，四周旋即呈现出一个五光十色的灿烂世界，更给城中那些古老的名胜平添了几分柔和而神秘的色彩。

07 里昂圣母教堂

里昂的标志

在里昂有一座名叫富维尔的小山丘，那里高耸着一座被视为里昂标志的圣母院——里昂圣母教堂，是里昂著名的建筑之一。教堂的外形和城堡很相像，1168—1170年期间始建小教堂以敬奉圣母玛丽亚，之后这里经历了拆毁、重建和扩建。1870年，里昂总主教向天主教徒许愿，如果圣母能显灵使里昂免于普鲁士军队的蹂躏，将扩建圣堂以感谢圣母。里昂人民的祷告最终如愿，该教堂从此也便成为里昂市守护神圣母玛丽亚的象征。这座教堂融合了拜占庭和中古世纪风格，有各式复杂美丽的雕刻。

Tips

🏠 8 Place de Fourvière,69005 Lyon ☎ 04-78251301 ¥ 免费 🕙 10：00—12：00，14：00—17：00

法国攻略 里昂

159

08 古罗马剧场

古罗马时期的著名建筑

建于1世纪的古罗马剧场是与圆形竞技场齐名的古罗马时期的著名建筑。遗留在市中心的大理石圆柱不禁让人联想到当年罗马时代的繁华与绚烂。早在公元前43年，古罗马人就在里昂建成了豪华的大剧场。剧场规模发展迅速，到2世纪，剧场内增加了近万个座位，可见当时剧场演出的盛大景象。这个宏伟的圆形大剧场是举行角斗士角斗、人兽搏斗和展示珍禽异兽的地方，最多可供3000对奴隶进行角斗。剧场呈椭圆形，规模很大，可容纳五万多名观众，直径百余米，外层墙高48米，共分四大层。剧场四周有阶梯和斜坡走道，中间为竞技场，场内设有80个出入口，可方便观众迅速退场。经过里昂考古学者几经研究，现已重建了当时的舞台结构，剧场保存到现在的有宽达百米的外台、背景装饰壁、舞台遗迹等。仍然保存完好的一大一小两个半圆形剧场，如今已不仅仅供游客参观，还会时常举办大型音乐会、演奏会、歌剧等演出。

Tips
2 Place de l'Antiquaille, 69005 Lyon 04-72384930 10：00—18：00，周一休息

09 高卢-罗马文化博物馆

里昂的重要观光点

矗立于圣母院南边的高卢-罗马文化博物馆是法国里昂的重要观光点，这座在考古遗址上建成的博物馆内拥有着丰富的雕像、镶嵌书、硬币及碑文收藏。在此大量收藏的高卢时期考古珍品，给人们勾勒出了一幅罗马时期里昂的景象。1528年发现的克劳狄青铜板为博物馆镇馆之宝，上面铭刻着公元48年罗马皇帝克劳狄一世在元老院的演说。博物馆依山而建，设计构思独特，建筑手法精致。最大的特别之处在于，它的入口处设在5楼，每经一朝代，便下一层楼，崎岖回转的楼梯带我们如同走过漫长的历史，让人们在罗马剧场遗迹上缅怀过去的光荣。人们在这里还可以欣赏到许多艺术品，如古时的战车车轮或青铜海神塑像。从高卢-罗马文化博物馆向外望去是两座罗马露天剧场，恰似中国园林中的借景手法，使人恍如置身于罗马时代，感受其恢弘的历史。

Tips
17 Rue Cléberg, 69005 Lyon 04-72384930 ¥ 3.8欧元 10：00—18：00

10 卢米埃尔纪念馆
了解电影事业的发展历史

Tips
📍 25 Rue du Premier Film,69008 Lyon ☎ 08-92688879

世界电影的始祖卢米埃尔兄弟曾是化学家和大企业主，1870年，他们随父母迁到里昂，在父亲经营的照相馆里两兄弟学会了照相技术，后在父亲的指导下成为了优秀的摄影师。1895年的春天，他们在里昂拍摄了《卢米埃尔的工厂大门》这个世界上第一部电影片，并在同一年于巴黎首映，深受人们喜爱，电影也从此走向了全世界。现在，电影已成为人们生活中不可缺少的一部分，电影业有如今的发展，离不开卢米埃尔兄弟这一伟大创作。人们为纪念这两位电影事业的创始人，把他们在里昂的住所改建为卢米埃尔纪念馆，把纪念馆所在的街道也命名为"第一部电影街"。卢米埃尔纪念馆的展厅占据了4个楼层，分为地上三层地下一层，总共21个房间。卢米埃尔兄弟拍摄的影片在展览大厅里循环放映。大厅中央依次摆放着卢米埃尔工厂的模型、卢米埃尔兄弟电影首映的所在地巴黎大咖啡馆的模型，以及被摄影机所代替的古老的摄影枪。记录着电影业发展过程的各种展品也在展厅内展示出来，使人们能够充分地了解电影事业的发展历史并从中得到乐趣。

11 里昂老城　　90分！
古香古色的里昂老城区

里昂分为老城和新城，是法国第二大城市。古香古色的里昂老城区位于索恩河的右岸，古时曾是个小渔村，15世纪时便成为世界上最大的丝织品产地之一，17世纪又成为法国政治、经济和文化的枢纽。经过沧桑的岁月，这座拥有着悠久历史的老城，依然保持着文艺复兴时期的建筑风格。漫步在弯曲起伏的狭窄街道，可以感受到里昂浓厚的文化底蕴。红瓦屋顶的居民住宅，许多哥特式及文艺复兴式的房屋，都极富当地建筑特色。里昂久远的历史传统，以及它浓厚的古老气息，让人仿佛置身于中世纪。沃土广场和圣母教堂是里昂老城中最吸引人的两个景区，沃土广场堪称"里昂的心脏"，而坐落在弗尔布爱尔山顶上的白色圣母教堂，则以令人惊叹的高度，成为里昂老城最具有象征意义的景观。无论是保存完好的古色苍然的旧宅区，还是老城中弥漫着的浓郁的文化气息，都是里昂历史文化底蕴的最佳体现。

Tips
📍 44 Rue Saint-Jean,69005 Lyon ☎ 04-78424889

法国攻略　里昂

161

12 题德多公园
法国最大最美的城市公园 玩

　　占地约80万平方米的题德多公园是里昂面积最大的绿地，同时也是全法国最大最美的城市公园。公园的入口共有7个，其中最让人印象深刻的地方是一个名为"隆河之童"的入口，令人意想不到的是这个大门开放在湖面之上，它独具特色的设计创意，是此公园设计中最引人注意的一点。题德多公园是里昂居民最喜爱的休闲娱乐旅游胜地，被人们誉为"绿色心灵"。园内不仅拥有大型植物园、种有异国植物的温室、小型动物园，以及让人惊艳的玫瑰花园，还设有许多休闲娱乐设施，如划船、迷你高尔夫球场、旋转木马、迷你马骑乘、游园敞篷车及园内巴士或小火车等，是大人、孩子共同享受轻松娱乐心情的首选场所。如果不想玩耍，只想悠闲散步、晒太阳或是在树下慵懒休憩，这里仍然是人们最佳的选择。那片清新浪漫的广阔草地与绿意盎然的树林，还有玫瑰、芍药等各种争奇斗艳的花朵所组成的花园，为此处带来了一整年的绮丽色彩与芬芳香气，题德多公园的迷人之处就在这草木之中。

Tips
Parc de la Tête d'Or, 69006 Lyon 04-37472375

13 艺术博物馆
感受五千年的艺术历史 赏

Tips
20 Place des Terreaux, 69001 Lyon 04-78392538

　　艺术博物馆位于里昂市中心区，由于这里的艺术品收藏数量居于法国前列，因此被人称为"小卢浮"，其前身为圣皮埃尔女子修道院。馆内拥有巨大的展览空间，展示了古希腊、埃及的展品，馆藏种类极其丰富，包括绘画、造型艺术、建筑、艺术设计、新媒体等，是人们了解历史、欣赏艺术的场所。

14 白莱果广场

红土铺成的里昂"心脏" ★★★★★ 逛

Tips
📍 Place Bellecour, 69002 Lyon

位于里昂城市中心的白莱果广场规模广阔，一度被人们誉为"皇家广场"。一座由里昂著名雕塑家卢蒙创作的高大的路易十四骑马雕像屹立在路边，这是白莱果广场上最重要也是最引人注目的看点。广场曾是19世纪中期里昂纺织工人起义的重要舞台。与其他普通的中心广场最大的不同是，它的地面全部是由红土铺成，虽然红土并没能让广场变得更加美丽，但这一特有的风格却给游客们留下了非常深刻的印象，不喜欢它的人则将它称为"巨大的网球场"。广场上的红色色调与里昂老城建筑的红色屋顶极为相配。广场周围环绕着19世纪初建造的房屋，包括花店、咖啡馆和餐馆等，是市民最常去的休憩场所。广场东南面坐落着装饰艺术博物馆，其藏品种类繁多，是欧洲少数具有独特氛围的博物馆，非常值得前往观赏。

15 夏慕尼

第一届冬奥会的举行地 ★★★★★ 玩

位于欧洲最高山脉——勃朗峰山脚下的夏慕尼是个古老而又繁华的小城镇，也是欧洲知名的滑雪胜地。常住人口近万人，由16个村庄组成，是法国地理位置最高的镇之一。夏慕尼由风景引人入胜的法国阿尔卑斯山脉所环绕，地形与喜马拉雅山有相似之处：裂缝很深的冰川从勃朗峰冰雪覆盖的山顶一直铺到相距4.8公里的谷底。在当地特殊的地理环境和种种因素下，这里成为了滑雪和山地活动爱好者的天堂，人们不仅可以进行滑雪、登山、攀岩、攀冰等各种运动项目，还可以在这里尽情购物，享受丰富多彩的生活。这里有全长约20公里的著名的La Vallee Blanche野雪道，其中部分雪道还穿越了冰川地带，更增加了难度，因此每年来这里挑战极限的滑雪爱好者络绎不绝。这是一座旅游业很兴旺的镇，来自不同国家的游客，使得这座镇如同"地球村"一般。1924年，第一届冬季奥林匹克运动会就在这里举行，如今夏慕尼已经成为法国著名的旅游城市，令众多游客感到开心与惬意。

Tips
🏠 法国东部 ☎ 04-50535890 🚉 在巴黎里昂车站乘TGV火车至安锡，再换乘往St-Gervais的特快车，然后换乘火车即达

16 冰海
阿尔卑斯山的第二大冰河

★★★★ 赏

Tips
📍 35 Place de la Merde Glace, 74400 Chamonix ☎ 04-50532275

由三条冰川汇合组成的冰海是阿尔卑斯山的第二大冰河，长约14公里，宽近2000米，仅次于莱奇冰川，冰河中心的移动速度比边缘部分的移动速度快一倍。冰海与南针峰相邻，从南针峰平地出发，经由Grand Bzlcon Nord小道，步行就可以到达冰海。因其地势特殊，只有配备了专业的设备以及在富有经验的向导的带领下才有可能跨越冰河及其裂缝。冰海的景色十分独特，但由于受到全球气候变暖的影响，冰海在慢慢融化，可能以后就没有机会再看到它了，所以更应该珍惜这份宝贵的旅游资源。

17 南针峰
夏慕尼的著名标志之一

★★★★ 赏

令人神往的南针峰海拔3842米，位于法国阿尔卑斯山脉勃朗峰，是夏慕尼的著名标志之一。南针峰由皮洞北峰和皮洞中峰组合而成，由一座长达17米的桥梁连接。自夏慕尼搭缆车可以到达海拔3802米的皮洞北峰，而用于研究的形状类似火箭的建筑物则屹立在皮洞中峰上。终年积雪覆盖的南针峰山顶与山脚的温差最大可达到27℃。建成于1955年的南针峰缆车，现在仍然为世界上垂直距离最大的缆车，行程2800多米，是当时世界上最高的索道，像直升电梯一样，该记录保持了近20年之久，是目前欧洲乃至世界缆车能到达的最大高度。身处吊车内，由于离心力较强，并且缆车只有一条钢缆支撑，你会感觉就像荡秋千一样，飘荡的吊车令人心惊，仿佛随时有撞向山壁的危险。到达峰顶后，咖啡馆和礼品店会为你提供贴心的服务。在观景平台，你可以将银白色的峰顶尽收眼底。令人叹为观止的风景，也只有在峰顶向下俯瞰时才可以领略得到。

Tips
📍 Telepherique de l'Aiguille du Midi ☎ 04-50533080 🕐 8:30—16:45

18 依云镇
● ● ● 因矿泉水闻名的小镇 ★★★★★ 赏

因矿泉水而闻名的依云镇是个仅有7500名居民的法国小镇，沿着湖畔的人行道行走，19世纪末到20世纪初建造的精美建筑物便映入眼帘，这不禁让人回忆起法国的繁荣时代。依云镇背靠阿尔卑斯山，面临莱芒湖，湖的对面是瑞士的洛桑，是法国人休闲度假的好去处，在湖边散步是一件让人心情舒畅的事。这里的开支预算相当于一个4万多人的城市，这样富足的生活当然源于其所处的地理位置，依云镇的财政收入多半来自依云矿泉水产业。依云镇独特的地理构造成就了依云水，融自阿尔卑斯雪峰的冰川水向山下流去，经过一个封闭的砂石过滤层，水流渗过这层砂石，要用15年的时间。经过这15年的渗透，普通的冰川水就成了依云水。水厂将珍贵的依云水接进来，不经过任何人工处理，直接灌装入瓶并贴上EVIAN的标签，然后在世界各地销售。全世界的依云水都来自依云镇。小镇的人们生活安宁、祥和，心灵手巧的花匠把小镇打扮得多姿多彩。

Tips
法国东部日内瓦湖南侧

19 安纳西
● ● ● 阿尔卑斯山区最美丽的小城 ★★★★ 赏

安纳西是阿尔卑斯山区最美丽的小城，邻近瑞士，所以城中的瑞士风味更浓于法国风味。在穿城而过的运河附近，有瑞士人卢梭曾经居住过的房屋。从车站到解放广场只用步行10来分钟，这里设有剧场和咖啡厅。安纳西湖的水来自阿尔卑斯山脉的冰雪，它被认为是全欧洲最干净的湖。湖畔有许多供游客租赁的游艇。傍晚时分，游客们到这里欣赏美丽的风景，乘游览船沿湖游览也是不错的选择。湖水流入沿着公园流淌的蒂乌运河之后，直接流往老城区。在运河两岸的老城区里有许多古老的房子。运河沿岸的栏杆上装饰着让人赏心悦目的各色花朵。这里被当地人称为"阿尔卑斯山的阳台，萨瓦省的威尼斯"。

Tips
法国东部，日内瓦南边

法国攻略 里昂

165

法国
攻略HOW

Part.11 马赛

法国第二大城市马赛因《马赛曲》扬名天下。三面环山的马赛直面大海,风景秀丽,是法国风格最为多样化的都市,这里汇集了世界各地的民俗文化,弥漫着混杂的异国气息。

法国攻略 | 马赛

马赛 特别看点！

第1名！
隆尚宫！
100分！
★精美壮观的宫殿建筑！

第2名！
圣母加德大教堂！
90分！
★站在马赛城的任何一个角落，抬头便能望见闪闪发光的圣像！

第3名！
圣维克多修道院！
75分！
★马赛最美丽的宗教建筑！

---

01 马赛旧港
●●● 马赛的城市灵魂　　　　　　　　　　　★★★★ 赏

Tips
🏠 34 Quai du Port,13002 Marseille ☎ 04-91905343 ¥ 免费 ⏰ 全天开放 🚇 乘地铁1号线至Vieux-Port站，出站即达

2600多年前，远航的希腊人在今天的法国海岸发现了一处恬静的港湾——拉希冬海港，而这也正是后来的法国第二大城市及最大的海港城市马赛最早的源起，位于马赛市中心的名胜——旧港。说是"旧港"，其实这个港口一点儿也不旧，其码头设施大多是在第二次世界大战之后的废墟上重建起来的，当地的人们之所以称它为"旧港"，大概更多的还是源自一份对于这片世代生息的地方悠远的感情。在它的岸边，还保留着诸如圣约翰城堡和圣尼古拉城堡这样建成于路易十四执政时期的古迹，值得一看。旧港地区是整个马赛的重点和精华所在，是这座因海而生、因海而盛的城市的灵魂。倘若想要更加真实地了解马赛，旧港是远道而来的游客们的最佳选择，因为只有在这里，才能感受最为纯粹的马赛风情。

02 老救济院
●●● 300余年前的救济院　　　　　　　　　　　★★★★ 赏

Tips
🏠 19 Rue de Grignan,13006 Marseille ☎ 04-91547775 ¥ 免费 🕐 10月至次年5月10：00—17：00；6月至9月11：00—18：00，周一休息 🚇 乘地铁2号线至Joliette站，下车即达

1671年，法国王室下令兴建一座贫民庇护所，即救济院，主要目的是为马赛街头那些贫病交加的外来移民建造安身之处。救济院分为医院与圆顶教堂两部分，由法国国王路易十四的御用建筑师Pierre Puget所设计。这座救济院的教堂有些意大利文艺复兴时期的风格，但较为简单朴素。现在救济院变成了地中海考古博物馆（Musee de Archeologie），陈列非洲与埃及的器物供游客参观。

03 伊夫城堡
●●● 《基督山伯爵》的故事场景地　　　　　　★★★★ 赏

伊夫岛是马赛最小的岛。起初，这个小岛一直无人居住，国王法兰西斯一世在1516年来到这里时，充分意识到它的防御价值，下令在这里建一座堡垒，即伊夫城堡。这是一个非常坚固的工事，后来成为国家监狱。伊夫城堡是马赛最大的古堡，据说防守极为严密，犯人要从这里逃出去，简直是不可能的——然而被关押在这里的法利亚神甫和爱德蒙·邓蒂斯成功地逃了出去。大仲马根据他们的经历，写出了著名的小说《基督山伯爵》，伊夫城堡正是因为这部小说而声名大噪。1890年，伊夫城堡向公众开放，人们从全世界涌来，寻找法利亚神甫和爱德蒙·邓蒂斯曾经的足迹。

Tips
🏠 马赛西边伊夫岛上 ☎ 04-91590230 ¥ 5欧元，18岁以下免费 🕐 9：30—17：30 🚢 在马赛旧港乘船即达

法国攻略　马赛

169

04 圣母加德大教堂

马赛城的骄傲和象征

90分!

★★★★★ 赏

始建于14世纪的圣母加德大教堂位于马赛市郊一处高约150米的山丘上，从这里不单可以俯瞰马赛全城，更能欣赏到地中海的壮阔美景。教堂的尖塔顶端伫立着一座高约9.7米的镀金圣母像，站在马赛城的任何一个角落，抬头便能望见这尊闪闪发光的圣像，于是圣母加德大教堂也就成为马赛城的骄傲和象征。

步入教堂，人们还能在四周的墙壁上发现许多的弹孔，这正是"二战"时期盟军与德军在此激烈交火时所遗留的痕迹。

> **Tips**
> 🏠 Place du Colonel Edon,13006 Marseille
> ☎ 04-91134080 ⏰ 7：00—19：00 🚇 在旧港的利浦农布码头（quai de Rive Neuve）左转，再沿坡道向上走20分钟左右即达

05 罗马码头博物馆

遥想2000年前马赛港的罗马风情

★★★★ 赏

> **Tips**
> 🏠 28 Place Vivaux,13002 Marseille ☎ 04-91912462 ¥ 2欧元 ⏰ 6月至9月11：00—18：00；10月至次年5月10：00—17：00，周一休息 🚇 乘地铁1号线至Vieux-Port站，出站即达

位于马赛旧港地区的罗马码头博物馆主要展示了大量1947年出土的罗马时期文物，其中包括各种陶瓷、硬币、度量器具以及存放酒和油的容器，令游客在参观过程中可以遥想1世纪时马赛港的罗马风貌，同时也可通过博物馆内的文献资料了解马赛的发展历史。

06 马约尔大教堂
雄伟壮观的拜占庭风格建筑 ★★★★ 赏

Tips
🏠 Place de la Major,13002 Marseille ☎ 04-91905357 🕘 9:00—12:00,14:00—17:30 🚇 乘地铁1号线至Vieux-Port站,出站步行20分钟即达

由新旧两座教堂组成的马约尔大教堂宏伟壮观。大教堂建于1852年,历时42年才竣工完成,拥有直径达18米圆顶的大教堂为拜占庭风格建筑,吸引了众多游客驻足拍照。毗邻大教堂一旁的旧教堂建于12世纪,是典型的普罗旺斯罗马式风格,与大教堂形成鲜明对照。

07 马赛市政厅
典雅美观的港区建筑 ★★★★ 赏

建于1656年的马赛市政厅是以产自La Couronne地区的粉红色石头建造而成,其典雅的建筑风格在马赛旧港地区颇为醒目,吸引了来自世界各地的游客驻足观赏,纷纷用手中的相机拍下这座美丽的建筑。马赛市政厅中央上方曾经有一尊法国国王路易十四的半身塑像,在大革命时期被摧毁,现今是由马赛雕刻家Nicolas Galinier雕刻的路易十四半身塑像,在迎风招展的法国国旗旁注视着往来的游客。

Tips
🏠 4 Place Daviel,13002 Marseille ☎ 04-91911153 ¥ 免费 🚇 乘地铁1号线至Vieux-Port站,出站后步行约5分钟即达

法国攻略 马赛

171

08 卡内比耶大道

感受欧洲街道的悠闲气氛 ★★★★ 逛

从马赛旧港口向东北延伸约1000米的卡内比耶大道在旧时曾经以制绳闻名，街道的名字"卡内比耶"（Canebiere）从早期普罗旺斯语中"麻树"（Canebe）一词演变而来。而令卡内比耶大道在世界范围内声名大噪的则是一出有关卡内比耶的歌剧。漫步在卡内比耶宽阔的街道上，沿街鳞次栉比的建筑大多建于18~19世纪，是马赛一处不可多得的感受欧洲街道悠闲气氛的地方。

Tips
La Canebiere 乘地铁1号线至Vieux-Port站，出站后即达

09 马赛市立歌剧院

法国面对地中海的"门厅" ★★★★ 娱

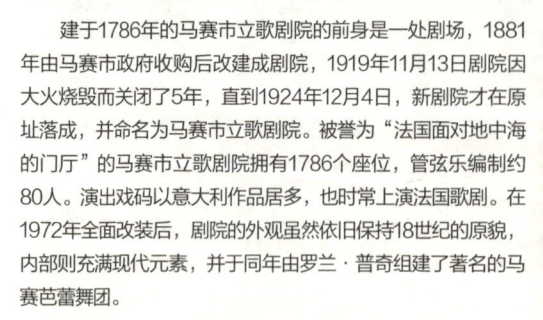

建于1786年的马赛市立歌剧院的前身是一处剧场，1881年由马赛市政府收购后改建成剧院，1919年11月13日剧院因大火烧毁而关闭了5年，直到1924年12月4日，新剧院才在原址落成，并命名为马赛市立歌剧院。被誉为"法国面对地中海的门厅"的马赛市立歌剧院拥有1786个座位，管弦乐编制约80人。演出戏码以意大利作品居多，也时常上演法国歌剧。在1972年全面改装后，剧院的外观虽然依旧保持18世纪的原貌，内部则充满现代元素，并于同年由罗兰·普奇组建了著名的马赛芭蕾舞团。

Tips
2 Rue Molière,13001 Marseille 04-91550070 乘地铁1号线至Vieux-Port站，出站步行3分钟即达

10 康蒂尼博物馆
陈列现代艺术的博物馆　★★★★ 赏

> **Tips**
> 🏠 19 Rue de Grignan,13006 Marseille ☎ 04-91547775 ¥ 3欧元 🕐 6月至9月11：00—18：00；10月至次年5月10：00—17：00，周一休息
> 🚇 乘地铁1号线至Vieux-Port站，出站步行10分钟即达

康蒂尼博物馆位于旧港地区。1888年，马赛著名的雕刻家Jules Cantini买下这幢建筑后又在1916年捐赠给马赛政府，并辟为现代博物馆供游客参观。现今，康蒂尼博物馆中收藏了1900—1960年间的大量现代艺术珍品，野兽派的马蒂斯、立体主义的劳伦斯、几何抽象主义的康丁斯基、超现实主义的皮卡比亚、1950年代的毕加索和1960年代的德布雷等艺术大师的作品都陈列在馆内供游客参观。此外，还有大量法国摄影师的摄影作品在此展览，是喜好现代艺术的人们不可错过的一处艺术圣地。

11 隆尚宫
精美壮观的宫殿建筑　（100分！）　★★★★★ 赏

沿着马赛著名的卡内比耶大道前行，便能见到华丽典雅的隆尚宫。宫殿的正中央是精美的群雕和喷泉，两边各自延伸出一段回廊，其尽头分别是美术博物馆和马赛历史博物馆，整体风格融巴洛克、罗马乃至东方建筑于一体，蔚为壮观，值得游客们为之再三流连。尤其是群雕，据说其中立者为河神，左右两边的女神则各持葡萄和麦穗，代表着今天举世闻名的法国美酒以及农业之历史源远流长。在这一组雕像的外围，又有数头体态威猛的公牛塑像，四蹄翻飞、精神矍铄，一方面体现出了上古洪荒时代诸神驾龙驭凤、混战天地的壮阔场景，另一方面更象征着法兰西文明在畜牧方面同样具有极为悠远的传统。

> **Tips**
> 🏠 4 ème Arrondissement Marseille,13004 Marseille ☎ 04-91641575 ¥ 免费 🕐 10：00—17：00周一休息 🚇 乘地铁1号线、81路公交车或2路电车至5 Avenues Longchamp站，出站步行5分钟即达

法国攻略　马赛

173

12 | 圣维克多修道院 75分！

马赛最美丽的宗教建筑 ★★★★★ 赏

始建于5世纪的圣维克多修道院位于马赛旧港的南面，是一座在残毁的古城遗迹上建立起来的修道院。几经天灾人祸的侵袭，修道院一度变得残破不堪，最终在14世纪教皇乌尔五世统治时期得以加固，从而一直保存到了今天。

修道院内有一座著名的地下教堂，藏有5世纪时的诸多重要文物和石棺。这些石棺的历史颇为悠远，棺内至今依然保存着大量基督徒和异教徒的遗骸，其中最为古老的属于两位殉教者，据说是在修道院落成之初便已经长眠在这里了，非常值得有兴趣的游客前往瞻仰。相较于其他景点，圣维克多修道院或许并不是特别抢眼，但是需要知道的是，这里是中世纪那些虔诚的信徒们在整个普罗旺斯地区传教的起点。

Tips

3 Rue de l'Abbaye, 13007 Marseille 04-96112260
免费 9:00—19:00 乘地铁1号线至Vieux-Port站，出站步行20分钟即达

13 马赛美术馆

● ● ● 领略精美的艺术作品和马赛的历史　　★★★★ 赏

Tips
🏠 19 Rue de Grignan,13006 Marseille　☎ 04-91547775

　　马赛美术馆建立于1869年,位于隆尚宫的北翼,分为上下两层,主要展出法国和意大利的艺术作品,其中包括在巴黎很难见到的埃克尔德·普罗旺斯的画作。即便在巴黎已经经受了太多的艺术洗礼,这里依然是游客们不容错失的一个好去处。

　　馆内最为著名的作品,当数埃克尔德·普罗旺斯的名作《瘟疫侵袭的马赛》了,它生动地再现了1720年马赛遭逢"人类历史上十大瘟疫"之一的灾难时的情形。此外,马赛著名的一些画家,如蒙特利切、波利等人的画作也列在其间,以其精湛的艺术成就,给前来参观的游客们留下了极其深刻的印象。

　　如果游客对马赛的历史有兴趣的话,毗邻的马赛历史博物馆则同样值得一观。馆内除了能观赏到代表着马赛的风俗传统及民间工艺的大量藏品,还能了解到自公元前600年马赛诞生伊始,到4世纪左右阿拉伯文明渡海而来的整个历史进程。

法国
攻略HOW

Part.12 普罗旺斯

普罗旺斯是法国自然风景最为秀美的地方，这里有亮丽的阳光、蔚蓝的天空、迷人的地中海、令人心醉的薰衣草……被誉为法国的休闲之都。来到普罗旺斯，还能将塞尚、梵高等大师笔下的美景尽收眼底。

法国攻略 | 普罗旺斯

普罗旺斯 特别看点！

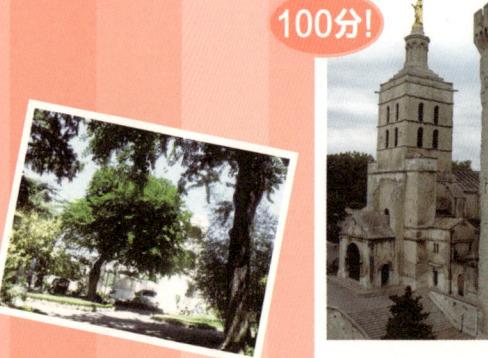

第1名！
亚维农教皇宫！
100分！
★ 中世纪教皇的居所，亚维农的标志性建筑！

第2名！
米拉波大道！ 
90分！
★ 世界上最优美的大道，午后休闲漫步！

第3名！
塞农克圣母修道院！
75分！ 
★ 法国最美的修道院之一！

01 亚维农教皇宫　(100分!)
中世纪的教皇居所　★★★★★ 赏

"亚维农"的原意是"河边之城"，坐落在法国的南部，青葱翠绿的隆河左岸。中世纪时期，意大利内乱频仍，教皇克雷蒙五世为了躲避教廷内的派系争斗，选择了亚维农作为自己的驻地。此后，又有9任教皇先后在此居住，亚维农遂因教皇宫的存在而日渐兴盛，从而给后世留下了诸多极为宝贵的历史与人文遗迹。

今天，古老的亚维农城依旧被坚固的城墙所保卫着，美丽的隆河从城墙外蜿蜒流过，远处鲜绿的草地覆盖在略有起伏的原野上，其间还点缀着深绿色的树林，让人过目难忘。不过，作为当地的标志性建筑，教皇宫就显得不那么亲切了：整个教皇宫修建得坚固无比，形同一座军事要塞，内部装饰更是毫无舒适之感，举目所及尽是阴冷坚硬的石块。穿行其间，聆听着悠长的走廊里传来的声声回响，仿佛每个角落都正在向游客们诉说着曾经发生在这里的阴谋和暗杀。

Tips
- 6 Rue de la Pente Rapide, 84000 Avignon
- 04-90275000　¥ 10.5欧元　9:00—19:00
- 在亚维农游客中心步行约10分钟即达

178

02 亚维农圣母院
近千年历史的圣母院　　　　★★★★ 赏

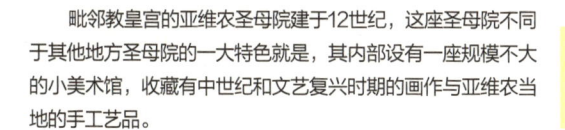

毗邻教皇宫的亚维农圣母院建于12世纪，这座圣母院不同于其他地方圣母院的一大特色就是，其内部设有一座规模不大的小美术馆，收藏有中世纪和文艺复兴时期的画作与亚维农当地的手工艺品。

Tips
🏠 Place du Palais Cathédrale 🚇 从亚维农火车站步行大约10分钟即可到达 ☎ 04-90868101

03 亚维农时钟广场
亚维农最主要的城市广场　　　　★★★★ 赏

位于亚维农市中心的时钟广场是亚维农市内最主要的城市广场，从广场中心向四周延伸的道路两侧林立着众多商家，形成了亚维农热闹繁华的购物商圈。时钟广场四周大多是建于19世纪的建筑，如亚维农市政厅、歌剧院等，而建于14世纪的钟塔是一幢哥特式建筑，古朴典雅的广场风貌吸引了众多游客驻足拍照，或是在广场四周的咖啡厅小憩片刻，周围还有众多街头艺人的身影，为这座古老的城市广场增添了几分休闲娱乐的氛围。每到亚维农艺术节期间，时钟广场更是亚维农市内最热闹的地方，嬉笑声与喧嚣声令人沉醉。

Tips
🏠 13960 Sausset-les-Pins Avignon

04 圣贝内泽桥
法国民谣《在亚维农桥上》　　　　★★★★ 赏

Tips
🏠 6 Rue Pente Rapide Charles Ansidei 🚇 从亚维农火车站步行即可到达 ☎ 04-90275188 💰 4.5欧元

因《在亚维农桥上》这首民谣而闻名的圣贝内泽桥据说之前曾有22个拱门，在1668年隆河河水泛滥后仅剩下一小段，桥上依旧残留有祭祀圣贝内泽的圣尼古拉斯礼拜堂。

05 染匠街

●●● 感受亚维农的小镇风情 ★★★★

17—18世纪，亚维农以纺织业而闻名，当时这里的织布工人纷纷在索尔格河中进行染布和清洗工作，久而久之，毗邻的街道也就被称为染匠街。现今的染匠街上虽然早已没有了当年的染布坊，却依旧繁华，各式咖啡馆、餐厅、酒吧和小戏院林立，使得这里吸引了众多观光客慕名而来，感受亚维农独特的小镇风情。

> **Tips**
> 🏠 Ruedes Teinturiers 🚌 从亚维农火车站步行大约10分钟即可到达

06 阿尔勒圆形竞技场

●●● 普罗旺斯地区保存最完整的古罗马遗迹 ★★★★★

阿尔勒的圆形竞技场始建于1世纪末的罗马帝国统治时期，是一座可以容纳约2万名观众的巨型竞技场，这里也是当地的标志性建筑。

竞技场整体结构呈椭圆形，长直径约136米，短直径约107米，高约21米，共3层，四周环绕着60余扇拱门。不过，它虽然是罗马帝国时期的产物，但是却在设计上吸纳了诸多希腊建筑的特点，无论是柱子、装饰抑或石雕，处处都能见到希腊古典殿堂式建筑的影子。而登上竞技场入口处上方的高塔，更可以观赏到阿尔勒市区、隆河以及四周群山的秀丽风光。

> **Tips**
> 🏠 Rond-pont des Arenes ☎ 04-90960370
> 💴 5.6欧元 🕘 9：00—18：30（旅游淡季提前至16：30关闭）🚌 从阿尔勒旅游咨询中心向北步行10分钟即达

07 阿尔勒古罗马剧场
古罗马时期的大型剧场 ★★★★★ 赏

在普罗旺斯的阿尔勒地区，与著名的圆形竞技场齐名的，还有鼎鼎大名的古罗马剧场。早在1世纪左右，这里便是一处可以容纳上万名观众的大型聚会场所，保存到今天的则有近百米宽的外台、背景装饰、舞台遗迹。漫步其间，自然会教人遥想起这里曾经有过的绚烂与繁华。

当然了，倘若只是游历其间，或许对于历史的感触还来得并不是那么强烈。经考古工作者的研究，最终重建了当时的舞台，并将之制成模型，郑重地保存在博物馆里，游客们可前往一睹为快。

Tips
- 阿尔勒市内 04-90969330 3欧元 9:00—18:30
- 从阿尔勒旅游咨询中心步行5分钟即达

08 阿尔勒古迹博物馆
了解阿尔勒的历史 ★★★★ 赏

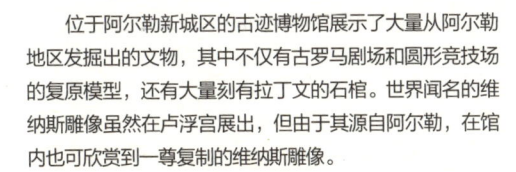

位于阿尔勒新城区的古迹博物馆展示了大量从阿尔勒地区发掘出的文物，其中不仅有古罗马剧场和圆形竞技场的复原模型，还有大量刻有拉丁文的石棺。世界闻名的维纳斯雕像虽然在卢浮宫展出，但由于其源自阿尔勒，在馆内也可欣赏到一尊复制的维纳斯雕像。

Tips
- Presqu'ile-du-Cirque-Romain 04-90188893 6欧元

法国攻略 普罗旺斯

181

09 梵高医院
● ● ● 梵高割掉自己耳朵的医院 ★★★★ 赏

Tips
🏠 靠近共和国广场，从阿尔勒旅游咨询中心步行10分钟可到 ☎ 04-90493939 ¥ 免费

所谓的"梵高医院"其实应该叫做"梵高旅游中心"。这位19世纪全人类最为杰出的艺术大师曾于1888年左右迁居到普罗旺斯的阿尔勒，并在当地结识了同样杰出的艺术家高更。然而不幸的是，患有严重精神疾病的梵高最终在阿尔勒的疗养院里割掉了自己的一只耳朵，给后世的人们留下了一段有关生命的悲情注脚。

众所周知，梵高个人在精神方面的痛楚，反过来却成为他在艺术领域的助推力，今天的梵高医院已经成为了一处游览地，这里除了有店铺、图书馆等之外，人们还可以在此欣赏到梵高的名作《阿尔勒医院的庭园》，感受浓郁的艺术氛围。

10 塞农克圣母修道院 75分！
● ● ● 法国最美的修道院之一 ★★★★★ 赏

塞农克圣母修道院是由一位院长和12位僧侣于1148年建立而成的，整体建筑呈现出一种朴素的美感。塞农克圣母修道院最大的特色就是在修道院外有一大片薰衣草花田，每到花季时这里都会被紫色的花海包围，被公认为法国最美的修道院之一。

Tips
🏠 Place Maurice Charretier ☎ 04-90720572 ¥ 7欧元

11 共和广场
立有方尖碑的广场

★★★★ 赏

建于15世纪的共和广场立有一尊用土耳其花岗岩制成的方尖碑，这尊方尖碑最初位于罗马剧场，17世纪时移到这里，是珍贵的古罗马遗迹之一。毗邻广场的阿尔勒市政厅也建于17世纪，其立面的石雕装饰典雅细腻。

Tips
- Place de La Republique

12 圣托菲姆教堂
欣赏《最后的审判》雕刻

★★★★ 赏

Tips
- St-Trophime Cloister ☎ 04-90493353
- ¥ 3.5欧元

建于11世纪末的圣托菲姆教堂位于数座旧教堂遗址上，是一幢仿罗马式建筑。圣托菲姆教堂建于12世纪的正门上雕刻着《最后的审判》中圣徒与天使的形象，教堂回廊内的石柱上也都雕刻着精致的人像。

法国攻略 普罗旺斯

183

13 梵高纪念艺廊
纪念梵高的艺廊 ★★★★

Tips
🏠 24 bis Rond-Point des Arenes ☎ 04-90499404 ¥ 6欧元

　　离圆形竞技场不远处的一条小巷内隐匿着梵高纪念艺廊，这座3层高的建筑内收藏了来自世界各地艺术家创作的、表达对梵高敬意的作品，风格多样，有前卫派、后现代派、写实派和实验派。

14 梵高咖啡馆
梵高作画的咖啡馆 ★★★★

Tips
🏠 11 Place du Forum ☎ 04-90964456

　　梵高曾经在这间咖啡馆里创作了多部作品，1888年9月，梵高在这里画下了《夜间咖啡馆》这幅作品，黄色的灯光与深蓝色的夜空形成鲜明对比，开创了全新的画法。现今，这座咖啡馆依旧维持着当年的样子，吸引了众多游人慕名而来。

15 阿尔勒公园
悠闲的绿地 ★★★★

Tips
🏠 从阿尔勒游客服务中心步行5分钟 ☎ 04-90493636

　　占地广阔的阿尔勒公园环境幽静，绿意盎然。在公园内竖立有一座梵高纪念碑，碑文讲述着阿尔勒与梵高之间的各种紧密联系，是梵高爱好者不可错过的一处景点。

16 石棺公园

基督教世界重要的朝圣地之一 ★★★★ 赏

Tips
从阿尔勒游客服务中心步行10分钟　3.5欧元

石棺公园创立于古罗马时期，公元4世纪时，来自阿尔勒的基督教殉道修士Saint Genest安葬于此，之后欧洲各国的朝圣者死后纷纷在此安葬，以寻求其庇护。从5世纪开始，这里逐渐发展成为基督教世界重要的朝圣地之一。

17 都德的风车

世界上最小的博物馆 ★★★★ 赏

法国现实主义小说家都德素来以创作短篇小说而著称，除了早已为中国读者所熟知的《最后一课》之外，他的另一篇作品《磨坊信札》同样具有极为广泛的影响力。小说中所描写的那幢风车小屋，其原型便是位于作家的故乡、阿尔勒附近方特维雷山丘上的这间旧式风力磨坊，即今天的"都德的风车"。

磨坊建于1814年，到1915年时停止了作业，多年后风车翼因为停用太久已不能转动，好在磨坊内部的机械构造被完整地保存下来。有趣的是，磨坊的墙上记录着每一种吹过小镇的风的名字，大约有30多种，例如时速可达185公里的米斯特拉尔风等。

Tips
2 Route Neuve,13990 Fontvieille　04-90546784

同时，这里大约也是世界上最小的"博物馆"了——磨坊里的一间小屋，原本用作筛粉的地方，便是有名的"都德博物馆"。它虽然小，里面却也陈列着都德的一些作品和手稿，同时还有纪念品出售。对于喜爱都德和法国文学的游客们来说，来这里应该是一次颇为珍贵的体验。

法国攻略　普罗旺斯

18 葛哈内博物馆

收藏普罗旺斯地区画家的作品 ★★★★ 赏

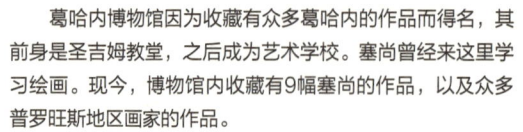

葛哈内博物馆因为收藏有众多葛哈内的作品而得名,其前身是圣吉姆教堂,之后成为艺术学校。塞尚曾经来这里学习绘画。现今,博物馆内收藏有9幅塞尚的作品,以及众多普罗旺斯地区画家的作品。

Tips
🏠 Place St-Jean de Malte 🚉 从埃克斯火车站步行10分钟 ☎ 04-42528832 ¥ 4欧元

19 米拉波大道

90分!

世界上最优美的大道

★★★★★ 逛

> **Tips**
> 从埃克斯火车站步行5分钟

米拉波大道位于埃克斯的市中心位置，自戴高乐广场向东延伸，两侧遍植着高大的法国梧桐树，有诸多精致典雅的中世纪建筑、雕像、喷泉掩映其间，被誉为"世界上最优美的大道"，是人们到埃克斯乃至普罗旺斯地区旅游时的必到之处。

大道边还设有许多雅致的露天咖啡馆和茶餐厅，当地的市民们喜欢来此喝下午茶，啜饮着茴香酒或者黑咖啡——埃克斯同时还是法国著名的大学城，到咖啡店讨论功课，也几乎成了这些大学生们的习惯。

法国攻略

普罗旺斯

20 塞尚故居
印象派大师的故居

出生于埃克斯的塞尚是后期印象派的重要成员，被誉为20世纪绘画理论的现代启蒙导师。塞尚在埃克斯居住的房子位于米拉波大道。参观完塞尚故居，游人还可以顺道前往一旁的双叟咖啡馆，感受塞尚经常造访的这家知名咖啡馆的艺术气息。

Tips
55 Cours Mirabeau　从埃克斯火车站步行5分钟

21 塞尚画室
塞尚最后的工作室

Tips
9 Avenue Paul Cézanne,13100 Aix-en-Provence　04-42210653　¥5.5欧元　10月至次年3月10：00—12：00，14：30—17：00；2月至9月10：00—18：00　从埃克斯旅游咨询中心向北步行20分钟即达

被誉为"普罗旺斯骄傲"的"现代绘画之父"保罗·塞尚出生于1839年，是埃克斯当地一位鞋匠的孩子，后到巴黎求学发展，并于1896年重返家乡。1901—1902年间，他在埃克斯市区北部的一间画室创作了大量的艺术杰作，直到1906年因病去世。这间画室现在位于埃克斯市中心著名的米拉波大道上，基本维持着当初的原貌，别栋中则有关于塞尚的生平、作品介绍，并且放映着有关这位大师的纪录片。站在市区远眺，可欣赏到在塞尚的画作中经常出现的圣维克托瓦尔山。

22 波城古堡

激发但丁创作灵感的地方 ★★★★ 赏

> **Tips**
> 📍 2 Rue du Château,64000 Pau ☎ 05-59823800

普罗旺斯的埃克斯波城古堡是指位于阿尔勒地区的波城古城遗迹，具体位置是在阿尔比勒山脉的中心区域，海拔约245米，被誉为"法国最美丽的村庄之一"。古时，这里曾经为被诗人米斯特拉称作"鹫族"的波城一族所占据，当这个强悍好斗的部族逐渐消失在历史的长河之中后，波城古堡又经历了无数次动荡的洗礼，最终在路易十三执政时期被无情的战火所摧毁，只余下今天所能见到的这一片沉默的废墟，安静地等待着陌生的人们前来瞻仰。

城堡入口处设有波城历史博物馆，展示有城堡当年鼎盛时期的各种历史资料与文物。而站在城堡的顶端，极目远眺，阿尔勒古城等四周的风光尽收眼底，值得游客为之探寻一番。此外，特别需要提及的是，城堡北面有个著名的地狱谷，据说当年的但丁就是因为游经此地，触发了他在创作上的灵感，方才写出了不朽的传世名作——《神曲·地狱篇》。

23 圣苏维尔大教堂

融合不同建筑风格的大教堂 ★★★★ 赏

毗邻埃克斯大学的圣苏维尔大教堂位于埃克斯旧城区内，以优美的中庭回廊及15世纪画家尼古拉·夫拉曼的名作《燃烧的蔷薇》而闻名。哥特式的圣苏维尔大教堂融合了15—17世纪的不同建筑风格，胡桃木门、圣洗堂、圆拱门、罗马回廊等令游客宛如走入一幢欧洲建筑博物馆。晚年的塞尚几乎每天都从自己的工作室来到圣苏维尔大教堂，凝视远处的圣维多利亚山，并以此创作出众多堪称经典的画作。

> **Tips**
> 📍 34 Place des Martyrs de la Résistance, 13100 Aix-en-Provence ☎ 04-42234565
> 💰 免费 🕐 8：00—12：00, 14：00—18：00 🚶 在埃克斯游客服务中心步行约15分钟即达

法国攻略 普罗旺斯

189

法国
攻略HOW

Part.13 尼斯

历史悠久的尼斯是法国第五大城市，拥有美丽海岸的尼斯荟萃了多元化的建筑，各种不同风格、不同年代的建筑在这里完美融合。从19世纪开始，这里就是欧洲贵族喜爱的度假胜地，现今依旧吸引着众多游人光顾。

尼斯 特别看点！

第1名！ 昂日湾！  100分！
★ 尼斯最经典的海岸景观，最美丽的海滩！

第2名！ 戛纳影节宫！ 90分！ 
★ 欧洲最知名的会议中心，戛纳电影节的会场！

第3名！ 尼斯旧城区！ 75分！
★ 保持了尼斯的旧有风貌！

01 英国人散步道
美丽的海滨步行街

英国人散步道始建于1820年，由当地的英国侨民捐资建成，故有此名。这条散步道沿着地中海的蔚蓝海岸延伸，沿途风光明媚，路两边遍植棕榈树和各种鲜花。各种艺术画廊、饭店、咖啡厅等鳞次栉比，每到夕阳西下的时候，在这里还能看到夕阳入海的美丽景观。

Tips
Promena de des Anglais

02 尼斯珍梅德森大道和马塞纳广场

••• 尼斯最繁华的大街 ★★★★ 逛

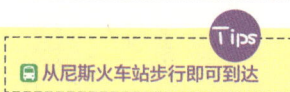

Tips
从尼斯火车站步行即可到达

珍梅德森大道代表着尼斯最繁华的一面，在这条大道上有着为数不少的银行、写字楼、酒店、餐馆、商铺，熙熙攘攘的人流来来往往。位于大道上的马塞纳广场是法国著名零售企业老佛爷所经营的，这里有众多纪念品商店、小餐馆，下午还有很多街头艺人在此献艺，是尼斯最热闹的地方。

03 昂日湾 100分!

••• 尼斯最经典的海岸景观 ★★★★★ 玩

尼斯濒临地中海，拥有着漫长的海岸线，而昂日湾就是这里最美丽的海滩。昂日湾是一处石头海滩，没有沙子，赤脚踩上去的感觉和沙滩完全不同。蔚蓝的海水是这里的主角，除了靠近海滩的几十米处是浅蓝色外，其余地方都是一片深蓝，这奇妙的蓝色从人们的眼前一直延伸到远处的地平线上，最后和天空连为一体。人们或躺在海滩上享受日光浴或在海中嬉戏，享受着这天堂一般的美景。

Tips
4 Rue de l'Opéra,06200 Nice,France
04-93856540

法国攻略 | 尼斯

193

04 尼斯旧城区 (75分!)

保留了旧有风貌的城区 ★★★★★ 逛

Tips
🚌 乘12号巴士或电车在Masséna站下

沿着英国人散步道一直往东,就可以来到尼斯旧城区,这里保持了尼斯的旧有风貌,鹅卵石铺成的狭窄街道、高大的红砖建筑以及为数不多的街心广场,都是向人们展示尼斯悠久历史和传统的地方。美丽的艾伯特花园和巴洛克式风格的教堂是这里最大的特色,圣雷帕拉特大教堂和圣母往见礼拜堂都是知名的古迹。

05 城堡遗迹公园

鸟瞰天使湾的美景 ★★★★ 玩

位于尼斯旧城区东侧、盘踞在一座小山丘之上的城堡遗迹公园是当地著名的城堡花园,这里同时也是划分尼斯新旧城区的一道分界线,游客在公园内除了可以欣赏旧时的圣母院遗址,也可在美丽的绿林之间居高临下地鸟瞰天使湾的湛蓝海景。

Tips
📍 尼斯以西约30公里　☎ 04-93856233　¥ 免费
🕗 8:00—18:00

194

06 俄罗斯东正教大教堂
●●● 沙皇捐资建造的大教堂　　★★★★ 赏

Tips
🏠 Avenue Nicolas II　🚶 从尼斯火车站步行15分钟
☎ 04-93968802

俄罗斯东正教大教堂落成于1912年，由当时的俄国沙皇尼古拉二世捐资所建。这座宏伟的建筑由红砖、浅灰色的大理石及色彩斑斓的陶砖砌成，6个色彩各异的圆形屋顶是这里最大的特色。在教堂里收藏了不少木质雕像、艺术品及壁画等珍贵文物。为了保持教堂的庄严和肃穆，要求参观的游人不能穿无袖或是短袖的服装。

07 戛纳影节宫　（90分！）
●●● 欧洲最知名的会议中心　　★★★★ 赏

Tips
🏠 Boulevard de la Croisette　🚶 从戛纳火车站步行即可到达　☎ 04-93390101

海滨小镇戛纳有着美丽的风光和迷人的海岸线，戛纳的港口边有一座巨大的建筑，这就是戛纳影节宫。于1982年启用的影节宫是戛纳的城市中心，这里可以容纳30000人，里面拥有3间电影放映厅、2个展览厅，以及会议室、娱乐场、夜总会和餐厅等设施，每年的戛纳电影节庆典就在这里召开，这时也是戛纳最为星光熠熠的时刻。

法国攻略　尼斯

08 列航群岛
戛纳外海的离岛 ★★★★ 赏

列航群岛指的是戛纳外海的两处离岛，大的叫做圣玛格丽岛，小的则是圣阿那瑞岛。圣阿那瑞是一位罗马修士的名字。4世纪末，这位修士来到岛上，修建了一座修道院，圣阿那瑞岛也就因此得名。圣玛格丽是这位修士的妹妹。不过，圣玛格丽岛之所以有名，却是因为法国国王路易十四，传说他那位戴着铁面具的弟弟曾被囚禁在这里，并且一待就是11年。除了这个历史悠久的法国王室传说，对于今天的游客们来说，更吸引他们的还是岛上修道院自酿的葡萄酒，由于品质极佳且限量生产，所以很受欢迎。

> **Tips**
> 🏠 戛纳外海 ☎ 04-93391182 🚢 在戏剧宫旁的Vieux-Port搭乘渡轮。夏季：去程7：30—19：30，每30分钟一班；回程：15：00—18：00，每小时一班。冬季班次较少

09 城堡美术馆
19世纪的浪漫冒险情怀 ★★★★ 赏

坐落在旧城区山顶的戛纳城堡美术馆是由一座修道院改建而来的，这里的藏品都是他人捐赠。这是一座陈列着奇珍异宝的展览馆，对19世纪的浪漫冒险情怀进行了生动的展示。

进入展馆，首先见到的便是世界各地的乐器，多数是非洲土著的鼓、琴、笛，还有西藏的长喇叭，游客只需要按一下乐器旁边的按钮，便能听到这种乐器所演奏的乐曲。这里还有19世纪普罗旺斯地区的风景画作。甬道两侧则陈列着展馆的精华所在，即来自地中海国家如希腊、罗马、美索不达米亚等地的收藏品，以及来自大洋洲、非洲、亚洲、美洲的收藏品，甚至还有来自埃及的石棺、非洲土著风干的尸体，胆小的游客在参观前要做好心理准备才行。从展馆的中庭拾阶而上，还能俯瞰到戛纳的全景。

> **Tips**
> 🏠 Place de la Castre, Le Suquet, 06400 Cannes ☎ 04-93385526 ¥ 3欧元 🕐 10：00—13：00, 14：00—18：00 🚶 从戛纳火车站步行约15分钟即达

10 小十字大道
蜿蜒在海边的美丽街道 ★★★★ 逛

> **Tips**
> 🏠 Boulevard de la Croisette
> 🚶 从戛纳火车站步行即可到达

小十字大道是戛纳最负盛名的一条街道，它沿着蜿蜒的海岸线延伸。走在路上，一侧是熙熙攘攘的海滩游客和为数众多的遮阳伞，另一侧则林立着高档酒店、餐厅和世界知名品牌的专卖店。地中海蔚蓝的海水和夏日的阳光映衬着现代化的摩天大楼，闪耀着浮华之世的光芒。

11 苏给区（戛纳旧城区）

●●● 戛纳最古老的城区　　★★★★ 逛

Tips
🚌 从戛纳火车站步行即可到达

苏给区是戛纳最早的城区，坐落在一处小山丘上。这里有三排和海滩并列的古老房屋，中间是狭窄的街道和斑驳的石阶。山丘上最显眼的房屋是第一个来到戛纳的外国人布鲁汉爵士的别墅。如今，戛纳最早的居民们的后裔依然生活在这里，他们以开设餐厅为业，用最传统的美食招徕八方游客。

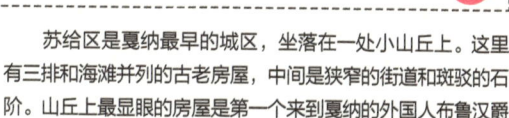

12 夏加尔博物馆

●●● 尼斯两大艺术博物馆之一　　★★★★ 赏

夏加尔博物馆是尼斯最著名的艺术博物馆之一，这里主要展示法国大艺术家马克·夏加尔的作品。博物馆建造在一片绿意盎然的绿地之中，和夏加尔优雅的画风正相匹配。馆内收藏着数百幅夏加尔的画作，其中最著名的当属以圣经故事为题材的17幅巨型画作。漫步在藏室中，感受着这里的艺术气息，别有一番感动。

Tips
📍 Avenue Docteur Menard　🚌 乘22路巴士在Musée Chagall站下　☎ 04-93538735　💰 6.5欧元

法国攻略　尼斯

197

13 马蒂斯博物馆
令人心情愉悦的博物馆 ★★★★ 赏

马蒂斯博物馆位于西米埃园的橄榄树林内。这座建于17世纪的热那亚式别墅如今已经全面翻新。馆内主要展出的是著名野兽派画家马蒂斯的作品，马蒂斯从1917年抵达尼斯后就对尼斯透明细致的光线极为热爱，故在此停留了38年，直到1954年去世为止。馆内收藏了马蒂斯不同时期的作品，包括236幅画作、218幅版画及由他设计插图的全套书册，其中有著名的《蓝色裸体4号》及《石榴》静物画等画作。

Tips
164 Avenue des Arnes de Cimiez,06000 Nice　04-93810808　免费　10月至次年3月10:00—17:00；4月至9月10:00—18:00，周二休息　乘15、17、20、22、24路公交车至Arenes站，下车即达

14 Alziari橄榄油专卖店
传承百年的橄榄油芬芳 ★★★★ 买

Tips
14 Rue Saint-Franois de Paule,06300 Nice　04-93629403　8:30—12:30，14:15—19:00

Alziari家族从1868年就开始在尼斯经营橄榄油的生意，并于1920年开设了第一家Alziari橄榄油专卖店，现在的这家店面则开业于1936年，已有80年的历史，每天都有世界各地的游客慕名而来。而Alziari家族近百年来每天从磨坊带来新鲜橄榄油擦亮店中铁桶的传统，也如同一道古老的仪式般得到很好的延续。在Alziari橄榄油专卖店内可以买到各种等级的橄榄油，也可在橄榄油磨坊参观，了解Alziari家族经营橄榄油生意并传承五代的历史。

15 马塞纳美术馆
● ● ● 风景宜人的美术馆　　★★★★ 赏

Tips
📍 14 Rue Saint-Franois de Paule,06300 Nice ☎ 04-93629403

建于1901年的马塞纳美术馆是一幢意大利风格的别墅，因其外观典雅，且位于英国人散步道上极佳的地理位置，因而吸引了众多游客驻足参观。马塞纳美术馆的前主人是拿破仑的后代马塞纳，1917年马塞纳将这幢别墅捐赠给政府，4年后这里被改建成美术馆并对公众开放。游客进入马塞纳美术馆后首先看到的是风景优美的英式庭园，馆内展示了众多有关拿破仑的文献资料和家具；在美术馆二层则展示了尼斯在18—20世纪期间的文物，可以方便地了解尼斯的城市发展历史；在三层的临时展览区经常会展示一些曾在尼斯居住生活的音乐家和艺术家的作品，在参观之余，游客也可在三层的阳台俯瞰尼斯美丽的海湾风光。

16 现代与当代艺术美术馆
● ● ● 展示现代艺术的博物馆　　★★★★ 赏

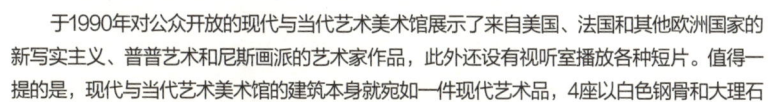

于1990年对公众开放的现代与当代艺术美术馆展示了来自美国、法国和其他欧洲国家的新写实主义、普普艺术和尼斯画派的艺术家作品，此外还设有视听室播放各种短片。值得一提的是，现代与当代艺术美术馆的建筑本身就宛如一件现代艺术品，4座以白色钢骨和大理石组成的现代化建筑以透明玻璃回廊相连接，展现出现代建筑的简约美感，而圆拱屋顶处的室外花园更是视野极佳，可一览尼斯旧城区的风景。

Tips
📍 Traverse Garibaldi,06000 Nice ☎ 04-97134201 💰 免费 🕙 10：00—18：00，周一休息 🚋 乘轻轨电车至Garibaldi站，出站即达

法国攻略　尼斯

17 格拉斯

全世界最负盛名的香水之城 ★★★★★ 逛

格拉斯位于尼斯西北部的山区，与著名的电影之城戛纳相邻，尽管规模不大，却是全世界最负盛名的香水之城。这一带的山间盛开各种鲜花，于是香水工业应运而生，渐而发展成为当地的支柱性产业，仅环绕着城区的香水工厂便不下30余家，价格也比巴黎这样的大城市便宜很多，是游客不容错失的一个好去处。

> **Tips**
>
> 🏠 Centre Cial Barnéoud,13480 Plande Campagne ☎ 04-42466267 🚌 在尼斯搭巴士需70分钟左右，每小时一班；从康城乘巴士需45分钟左右，每半小时一班

城中还设有一座香水博物馆，展示着从世界各地采集来的原料所制成的香水，甚至就连中国的茉莉花也列在其间，教人备感亲切。

18 格拉斯国际香水博物馆

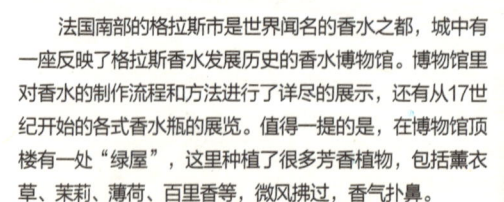

香水之都的香水博物馆 ★★★★ 赏

法国南部的格拉斯市是世界闻名的香水之都，城中有一座反映了格拉斯香水发展历史的香水博物馆。博物馆里对香水的制作流程和方法进行了详尽的展示，还有从17世纪开始的各式香水瓶的展览。值得一提的是，在博物馆顶楼有一处"绿屋"，这里种植了很多芳香植物，包括薰衣草、茉莉、薄荷、百里香等，微风拂过，香气扑鼻。

> **Tips**
>
> 🏠 2 Boulevard du jeude ballon ☎ 04-97055800 💰 3欧元

19 普罗旺斯博物馆

介绍普罗旺斯的古老文化　　★★★★ 赏

Tips
🏠 2 Rue Mirabeau　☎ 04-97055800　💴 3欧元

位于格拉斯的普罗旺斯博物馆原本是加伯希侯爵夫人的住宅，在法国大革命时期这里还曾经被作为法院使用。这座建筑造型高贵典雅，里面收藏了18—19世纪以来富有普罗旺斯风格的服饰和珠宝，无论是平民家所用还是贵族穿戴的应有尽有。除此之外，这里还有大量做工精美的普罗旺斯旧式家具，很具艺术价值。

20 比欧特旧城区

感受历史的沧桑　　★★★★ 赏

毗邻尼斯的比欧特城历史可追溯到公元前154年，在比欧特旧城区现存的城墙是由15世纪的意大利奥涅格里亚家族修建的，深色的墙砖全部为火山石，浅色的则取自河中。在比欧特旧城区内最闻名的陶街至今仍旧保留着15世纪的城门，游客在这里游览之余，还可以感受到这条古老街巷的沧桑历史。道路起起伏伏的小镇上，很多民居都会在门边放置装水的有色塑料瓶，据说是为防止猫狗在自家门口撒尿，而且效果颇为不错，吸引了很多好奇的游客驻足拍照。

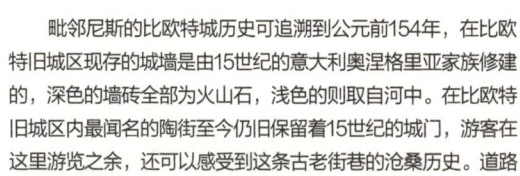

Tips
🏠 2 Rue Saint-Sébastien,06410 Biot
☎ 04-93657273　🚶 从游客服务中心步行8分钟即达

21 费南德·雷杰国家美术馆

感受20世纪最伟大的现代艺术家的风采　　★★★★ 赏

位于比欧特的费南德·雷杰国家美术馆创立于1960年，美术馆内收藏了费南德·雷杰这位被誉为"20世纪最伟大现代艺术家之一"的现代艺术大师为数众多的作品，游客可以感受到他从早期受到塞尚影响，到20世纪50年代急欲表达历史使命时作品画风的逐渐转变。在美术馆收藏的众多雷杰作品中，最为知名的就是他于1912年创作的《形式的对比》系列画作，以及1923年的《大拖船》等，丰富的色彩展现了画家本人坚持"直截了当比哲学语言更重要"的创作理念。

Tips
🏠 255 Chemin du Val de Pome,06410 Biot
☎ 04-92915030　💴 6.5欧元　🕙 10:00—18:00,周二休息　🚌 在火车站乘200路RCA巴士即达

法国
攻略HOW

Part.14 法国其他

法国是欧洲文化的摇篮，孕育了罗马文化及伊特拉斯坎文明。现在，法国共拥有48个联合国教科文组织指定的世界遗产，是世界上拥有世界遗产最多的国家。法国还有很多地方值得你去观赏。

法国攻略 | 法国其他

法国其他地区 特别看点！

第1名！ 舍农索城堡！ 100分！
★ 舍农索是卢瓦河谷所有古堡中最富浪漫情调的一座城堡！

第2名！ 卡尔卡松！ 90分！ 
★ 号称是欧洲现存最大、保存最完整的古堡！

第3名！ 科尔马！ 75分！
★ 法国东北部的"小威尼斯"！

01 舍农索城堡　100分！
●●● 充满浪漫情调的古堡　★★★★★ 赏

　　建于16世纪的舍农索城堡是一座横跨歇尔河的水上城堡，后来这座城堡与一座新建的石桥融为一体，构成现今的形状。舍农索是卢瓦河谷所有古堡中最富浪漫情调的一座城堡，带有浓郁的女性气息，美丽的花园和幽静的松林吸引了弗朗索瓦一世的妻子凯瑟琳·布里索耐、亨利二世的情妇狄安娜·德·普瓦捷，还有设计出歇尔河上华丽长廊的凯瑟琳·德·梅迪契，她们都曾在这里留下芳踪。此外，文化氛围浓郁的舍农索城堡内收藏了许多名画，其浪漫情调与艺术气息吸引了许多法国人来到这里举办婚礼，笼罩在甜蜜浪漫中的舍农索令人感觉如梦似幻，也吸引了众多游客来这里一探究竟。

Tips
🏠 Place de la Mairie,37150 Chenonceaux
☎ 02-47239007

02 波尔多大剧院
波尔多的城市标志 ★★★★ 赏

Tips
- Place de la Comédie,33000 Bordeaux
- 05-56796243　6欧元　需预约参观

建于1773—1780年的大剧院位于波尔多市中心，是一座新古典式的纪念堂，为法国最美的建筑之一，被视为"波尔多的标志"。剧院的外观像一座庄严的希腊式神庙，一排12根科林斯式巨柱构成宏伟匀称的门廊。门廊阳台上，并排竖立着12尊神态各异的雕像，都是希腊神话中的女神，好似西洋的"金陵十二钗"。内部装饰金碧辉煌，宫廷式的包厢和楼座有4层。巴黎歌剧院在最初设计时就曾以波尔多大剧院为样板。

03 圣安德烈教堂
记载波尔多历史的教堂 ★★★★ 赏

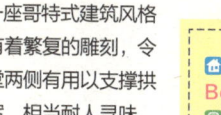

圣安德烈大教堂建于11~16世纪，是一座哥特式建筑风格的教堂，位于波尔多市中心。教堂的正面有着繁复的雕刻，令人印象深刻，两座锥形高塔宏伟壮丽，教堂两侧有用以支撑拱顶和主墙的许多斜柱，形成一种优美的图案，相当耐人寻味。在教堂周围可以看到许多精美的雕像，值得细细观赏。在夏天时，教堂内还有管风琴演奏。此外，圣安德烈教堂还有一座矗立于教堂东侧的Pey Berland塔，高约48米的塔顶安置着一尊黄金圣母雕像，游客也可在此一览波尔多的城市风光。

Tips
- 66 Rue des Trois Conils,33000 Bordeaux　05-56812625　9:00—18:00
- 乘NS线或EW线至市政厅站（City Hall）

法国攻略　法国其他

法国攻略　法国其他

04 圣凯瑟琳街

●●● 全欧最大的步行街　　★★★★ 逛

　　圣凯瑟琳街位于波尔多的市中心，据说是"全欧最大的步行街"。有人说除了巴黎地铁站，这里便是法国最拥挤的地方，这里和中国的步行街差不多，只不过多了很多非连锁的个性化小商铺。波尔多是法国CHANNEL等众多大牌的原产地，在这条著名的步行街上也可以看到这些品牌。

Tips
🏠 Rue Sainte-Catherine,33000，Bordeaux

05 皮耶尔桥

●●● 优雅与浪漫兼备的大桥　　★★★★ 赏

　　建于1821年的皮耶尔桥横跨于波尔多的加仑河上，最初修建这座桥是为方便拿破仑和他的军队通过。据说当年修建皮耶尔桥的时候由于水流强劲，工程进展缓慢，最终不得不向英国借来潜水钟，才使得深入淤泥的立柱变得坚固。现今游客在游览皮耶尔桥的时候，还可以看到桥身上装饰着纪念拿破仑的白色徽章和波尔多的城市标志，在桥上可以欣赏波尔多的河畔风光，夜幕低垂后在灯光的照耀下，这里更是充满浪漫情调。

Tips
🏠 Pont de Pierre,33000 Bordeaux

06 波尔多交易所广场

波尔多18世纪建筑的完美典范 ★★★★ 逛

Tips
Pont de Pierre,33000 Bordeaux

波多尔交易所广场位于加仑河畔，这里见证了数百年来波多尔的发展和繁荣。广场以正中央的三女神喷泉为中心，周围汇集了财政部、工业部、关税部门等的建筑，广场北面还有交易所宫，南边有费尔姆府邸等古老建筑。每到晚上这里灯火通明，美丽的夜景在波尔多可以说是独一无二的。

07 圣米歇尔教堂

波尔多市内哥特式建筑的典范 ★★★★ 赏

面对Canteloup广场的圣米歇尔教堂位于旧市区南端加仑河畔，这座教堂建于14世纪，和圣安德烈教堂同为波尔多市区哥特式建筑的代表。在圣米歇尔教堂中最引人注目的是15世纪建造、1865年整修过的圣米歇尔塔。登上这座全法国最高的哥特式尖塔塔顶，可以一览波尔多市的风光，在天气晴朗时还可以远眺大西洋。

Tips
Place du burg,33800 Bordeaux 05-56006600

法国攻略 法国其他

207

08 坎康斯广场

●●● 欧洲最大规模的城市广场 ★★★★ 逛

坎康斯广场于1810年整理城堡遗址时建成，并在路易十四在位时为抵御波尔多市内的革命运动而加以修缮。坎康斯广场拥有两根高21米、正对加仑河的纪念柱，象征罗马船队的控海权，纪念柱上方的浮雕则象征航海贸易。广场西侧兴建于19世纪末20世纪初的纪念碑则是用来纪念大革命时期被处以死刑的吉伦特派党徒，在正中央高43米的纪念柱上则耸立着高10米的自由女神像。

Tips
📍 Place des Quinconces，33000 Bordeaux

09 科尔贝号巡洋舰

●●● 法国海军的功勋战舰 ★★★★ 赏

在服役期间执行了众多任务的科尔贝号巡洋舰停泊在波尔多，游客可以登上这艘法国海军的功勋战舰参观船员舱位、官员休息室、海军上将套房、机房、指挥所、厨房、面包房等，还可感受舰上大量现代设施在现代化战争中所起到的作用；并可以了解到科尔贝号在1960年为阿加迪尔地震受灾者提供救助，护送戴高乐将军1964年访问南美洲、1967年出访加拿大魁北克，以及1990年科尔贝号在海湾战争期间执行"萨拉曼德尔"行动等众多名垂青史的任务。

Tips
📍 Quai des Chartrons,33300 Bordeaux
☎ 05-56449711 ¥ 7.5欧元 🕙 10：00—20：00

10 沙尔特龙区

葡萄酒商人聚集的街区 ★★★★ 逛

Tips
📍 波尔多交易所广场北端

位于波尔多交易所广场北端的沙尔特龙区曾经在18世纪达到繁荣的顶峰，"沙尔特龙"的字面意思是葡萄酒商人，从15世纪起就有众多葡萄酒商人聚集在沙尔特龙区。而在18~19世纪，这些经商致富的葡萄酒商开始在沙尔特龙区纷纷建立起豪华的公馆。游客漫步其间，可以欣赏到大量建于这个时代的雅致建筑，其中建于18世纪的沙尔特龙博物馆原本是一位皇家经纪人的住宅，人们可以在此了解葡萄酒对于当地经济和文化的重要性。在建于1720年的拱形酒窖里，葡萄酒装在酒桶里发酵成熟。这里各种各样的酒瓶、玻璃杯以及标签都表明葡萄酒在波尔多占据着核心地位。

11 马尔戈酒庄

波尔多葡萄酒文化的一部分 ★★★★ 赏

18世纪初，马尔戈红酒一问世就跻身四大著名波尔多红酒之列。1787年，美国第一任法国大使托马斯·杰斐逊在波尔多旅行时，从包括拉菲特、拉图尔和穆顿等在内的四大酒庄中，选出马尔戈，他称赞马尔戈红酒是所有紫红酒中最精致、最美妙的一种。

马尔戈酒庄位于波尔多酒区的梅多克次产区，庄园建筑是第一帝国的廊柱结构，在这一片区域中，它是最宏伟的。酒庄的葡萄园面积约79万平方米，种植的葡萄品种优良。马尔戈酒庄是人工采收葡萄，并且在葡萄酒第一次发酵后还要进行一次分级，将不好的酒液打入第二等葡萄酒的行列，最后在全新的法国橡木桶中醇化20~26个月。这所酒庄所用的橡木桶取自不同的桶厂，使葡萄酒味道多元化。马尔戈葡萄酒味道醇厚，留香持久。

Tips
📍 Domaine de Château Margaux,33460 Margaux ☎ 05-57888383 ¥ 免费 🕐 10:00—12:00, 14:00—16:00

12 穆顿·罗特席尔德庄园

●●● 世界上最著名的酒庄 ★★★★ 赏

Tips
🏠 Batailley,33250 Pauillac ☎ 05-56592449 ¥ 5欧元 🕘 9:15—11:00,14:00—16:00

穆顿·罗特席尔德庄园是世界上最著名的酒庄之一，是已故的巴朗·罗特席尔德毕生的心血，1988年去世的罗特席尔德同时还是个诗人、剧团经理及海上游艇赛手。1925年，罗特席尔德决定在自己的庄园里将葡萄酒装瓶，这在当时是革新性的。"二战"后，他又出了个别具一格的主意，就是每年请世界著名的艺术家在酒瓶标签上半部画点东西。自1945年以来，像夏加尔和安迪·沃霍尔等人都曾在穆顿·罗特席尔德的年份酒标签上留过墨宝。1973年，庄园晋升为一等园，以确认其葡萄酒质量级数。

13 拉菲特·罗施尔德庄园

●●● 波尔多的顶级庄园 ★★★★ 赏

拉菲特·罗施尔德庄园是波尔多的顶级庄园，也是世上最著名的酒庄之一。拉菲特庄园是典型的17世纪庄园建筑，公共厅和卧室设计得舒适惬意，营造出了乡土生活的气氛。1974年巴龙·埃里克·罗特席尔德接管庄园后，拉菲特的葡萄酒又恢复了昔日的典雅和神韵，增加了色深，香味更丰富浓郁。

Tips
🏠 Chateau Lafite-Rothschild,33250 Pauillac ☎ 05-56731818 ¥ 免费 🕘 每天9:00、10:30、14:00、15:30

14 图卢兹圣塞南教堂

●●● 法国保存圣物最多的教堂之一 ★★★★★ 赏

Tips
🏠 13 Place Saint-Sernin,31000 Toulouse ☎ 05-61218045 ¥ 免费 🕘 8:30—12:00,14:00—18:00

图卢兹的圣塞南教堂始建于1080年，是一幢杰出的罗曼艺术代表作，同时也是欧洲最大的长方形教堂，法国保存圣物最多的教堂之一。由于建筑本身以及它所蕴含的文化之美，世人历来对其评价极高，如诗人克洛德·努加雷德便曾经说过，"圣塞南教堂就像太阳浇灌下的珊瑚花照亮了整个天空"，拿破仑一世则以军人的方式直截了当地做出了定论，"这个圣塞南教堂足以让全世界的人都值得到图卢兹来"。

步入教堂内部，会让人有种时光倒流的错觉。这里到处都是历史的遗迹，斑驳的青砖、青铜的烛灯，抑或幽静悠长的回廊，仿佛都在诉说着一段段尘封的过往。整个大殿长约115米，宽64米，高21米，结构独特的圆顶映衬着尖塔上精致的祭坛，愈发衬托出这座宏伟而古老的建筑的庄严、肃穆与美丽。

15 圣米歇尔山修道院

法国著名的古迹和基督教圣地 ★★★★ 赏

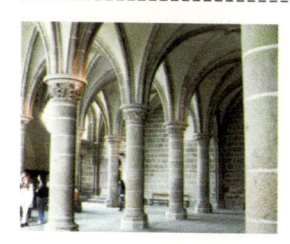

位于芒什省一处小岛上的圣米歇尔山是法国著名的古迹和基督教圣地，整体呈圆锥形的圣米歇尔山几乎全由坚硬的花岗岩构成，四周被大片的沙岸包围，仅在涨潮时才会形成岛。古时这里是凯尔特人祭神的圣坛，直到8世纪左右，红衣主教奥贝在岛上建起了一座城堡式的修道院，奉献给天使长圣米歇尔，从此才成为了一处基督教的朝圣之地。

除修道院外，今天的圣米歇尔岛上还保存着许多10~15世纪修建的古建筑，极具中古时代的加洛林王朝和古罗马式教堂风格。

Tips
🏠 Abbaye du Mont-Saint-Michel,LeMont-Saint-Michel ☎ 02-33898000 🕘 9:30—18:00 🚌 在巴黎蒙巴纳斯车站乘TGV火车至雷恩，换乘开往圣米歇尔山的巴士即达

16 卡尔卡松 (90分!)

中世纪的要塞都市 ★★★★★ 赏

Tips
🏠 法国西南部奥德省

奥德省的首府卡尔卡松旧城原为中世纪的一座要塞城市，人口约4万，隔着比利牛斯山与西班牙遥遥相望，因为城中保留有大量的历史遗迹，1997年被联合国教科文组织列入世界文明遗产名录。

卡尔卡松城内的古城堡号称是欧洲现存最大、保存最完整的古堡，拥有着内城与外城的双重城墙，内墙是罗马式的城垒，外墙则是典型的哥特式建筑，各设有26座御敌的箭楼。而越过吊桥，穿过古街，便可达小镇中心。漫步在岁月沧桑的石板道上，或是绕行过古墙壁垒，浓浓的中世纪风情叫人不由得想起传说中那些披荆斩棘的骑士英雄们，仿佛他们此时依然静静地守护在人们的身旁。

17 布卢瓦城堡

探索法国的建筑历史 ★★★★ 赏

布卢瓦城堡的特色是在一个庭院周围汇聚了建造年代不同、建造风格各异的4个侧翼。游览这座城堡，犹如是穿越时空去探索发现法国的建筑历史。在19世纪和20世纪时曾对这座城堡进行了修复，如今呈现在人们眼前的布卢瓦城堡集文艺复兴时期、哥特式、古典主义等多种建筑风格，可以说是一处建筑艺术的博物馆。

Tips
🏠 6 Rampe des Fossésdu Château,41000 Blois
☎ 02-54903330

18 图卢兹政府大厦广场

●●● 图卢兹的城市中心   ★★★★ 逛

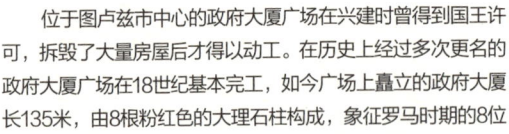

位于图卢兹市中心的政府大厦广场在兴建时曾得到国王许可，拆毁了大量房屋后才得以动工。在历史上经过多次更名的政府大厦广场在18世纪基本完工，如今广场上矗立的政府大厦长135米，由8根粉红色的大理石柱构成，象征罗马时期的8位元老。政府大厦分为市政厅和国家歌剧院等，此外在二层还有一座长62米的美丽拱廊——卓越厅，其墙壁上装饰着19世纪图卢兹当地艺术家绘制的壁画。

Tips
🏠 Place du Capitole,31000 Toulouse ☎ 05-61223412（市政厅）¥ 免费 ⏰ 全天开放

19 图卢兹雅各宾修道院

●●● 法国哥特式建筑艺术的典范   ★★★★ 赏

建于1229—1350年的图卢兹雅各宾修道院以红砖砌成，修道院高挑的天顶是最为引人注目的地方，7根高22米的圆柱将主殿一分为二，院内圣安东尼礼拜堂则装饰有绘制于14世纪的圣经故事壁画。两侧长窗上都有很多手绘玻璃彩绘，艺术美感显露无遗，令游客惊叹不已，被誉为"法国哥特式建筑艺术的典范"。

Tips
🏠 69 Rue Pargaminières,31200 Toulouse
☎ 05-61222192 ¥ 3欧元 ⏰ 9：00—19：00

20 鲁昂圣女贞德教堂
纪念圣女贞德的教堂　　★★★★ 赏

Tips
🏠 60 Rue Chevalier de la Barre, 33130 Bègles ☎ 05-56859008 🕐 10:00—12:15, 14:00—18:00

1979年，为了纪念在英法百年战争中英勇就义的法兰西民族英雄圣女贞德，鲁昂人民在她当年受刑的广场上建起了一座小小的圣女贞德教堂。有别于欧洲其他历史悠久的宗教场所，这是一座充满着现代意味的建筑，整体造型仿佛如同一只反扣着的维京船，象征着诺曼底人的祖先维京人勇猛与顽强的品格。而在教堂侧面的一面爬满了常春藤的墙壁上，竖立着一块真人大小的浮雕，一位少女双手被绑，合在胸前，仰头注视着天空，双目紧闭，似乎是在默默地祈祷，脚下的火焰却正熊熊地燃烧着，其描绘的无疑正是圣女贞德就义时的情形。

或许有人会觉得，对于这样一位无与伦比的女性，如此小规模的纪念方式会显得太平淡了些。对此，刻在教堂一面墙上的作家安德烈·马尔罗的一句话，大概便是最好的说明了："让娜，世上没有你的雕塑，没有你的肖像，你知道，真正的英雄都是在世人的心底深深埋藏。"

21 卡昂
北方的雅典　　★★★★ 赏

卡昂位于法国西北部奥恩河与奥东河的交汇点，是下诺曼底大区的首府，曾因文化和商业的繁盛而被称作"北方的雅典"。第二次世界大战时期，盟军发起诺曼底战役，卡昂首当其冲，战争结束时几乎成为一片废墟，就连著名的圣米歇尔教堂的尖塔也被破坏，以致今天依然是一幢没有屋顶的"特殊"建筑。

尽管如此，卡昂却坚强地站了起来，并且在1432年英国国王亨利六世所建立的大学废墟之上重建起了新的卡昂大学。校园门口矗立着一尊凤凰涅槃雕像，寓意这座城市已经重又获得了新生。至于1988年开馆的诺曼底战役纪念馆，则以各种资料向游客们再现了那场史诗般壮烈的战斗，并以"和平纪念馆"之名向来自世界各地的人们传送着卡昂人那一份美好的心愿。

Tips
🏠 法国西北部奥恩河与奥东河的交汇点 ☎ 02-31271414 🚄 从巴黎圣拉萨车站乘前往卡昂的直达快车即达

213

22 鲁昂圣马克鲁教堂

五道门廊组成的壮美建筑

★★★★ 赏

建于1437-1521年的圣马克鲁教堂最初是献给圣马克鲁的礼拜堂，其最为引人注目的就是由一连串三角形的线条和圆拱构成的教堂外观，被认为是"火焰哥特式建筑艺术最为纯粹的范例之一"。在圣马克鲁教堂周围环绕的建筑大多建于16世纪，充满古朴典雅的氛围。此外，在圣马克鲁教堂一旁的圣马克鲁墓地是1348年鲁昂发生死伤无数的鼠疫过后修建的。

Tips
🏠 3 Place Barthélemy,76000 Rouen ☎ 02-35712809 ¥ 免费 🕐 周一至周六10：00—17：00，周日10：30—17：30

23 鲁昂大钟

鲁昂的城市标志之一

★★★★ 赏

位于哥特式钟塔上的鲁昂大钟制造于14世纪，直到1527年文艺复兴式的拱门修建完成后人们才可以从两端看到大钟，在鲁昂大钟的双层钟面上除了有指出时间的指针外，顶端的圆形窗口还可以显示出月相。在大钟下方文艺复兴风格的拱廊上装饰着鲁昂的市徽——复活节羔羊，旁边则雕刻着天使像。值得一提的是，其中一尊背对游客的天使雕像据说是建造大钟的工人一时发泄不满情绪的恶作剧，令抬头仰望的游客在听到这个故事时不禁莞尔。

Tips
🏠 97 Rue du Gros-Horloge,76000 Rouen
☎ 02-35710949

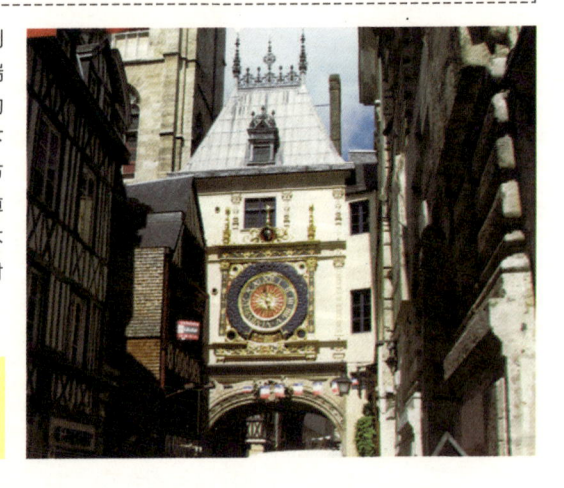

24 圣马洛

积淀了厚重的文化、传统和历史的城市 ★★★★ 赏

Tips
🏠 法国西北部布列塔尼大区 ☎ 08-25135200（游客服务中心）🚇 在巴黎蒙巴纳斯车站乘TGV火车即达

　　圣马洛是法国西北部布列塔尼大区的一座海港城市，是一片积淀了厚重的文化、传统和历史的土地。"二战"时期，圣马洛因为战火化作了一片废墟，是以今天市区内的主要建筑景点大多是按照其原样或17~18世纪时期的风格所重建起来的，在它们光鲜亮丽的表面背后，隐藏着的是法兰西民族灾难深重与浴血不屈的那一段过往。

　　不过，即便如此，圣马洛依然是游客们心目中梦幻般的旅游胜地，是整个布列塔尼半岛最为热门的观光目的地。这里有着整体完好的中世纪古城，包括曾经用来抵御海盗入侵的古城墙、波涛拍岸的壮阔海岸线，以及迷人的岛屿和内陆茂盛的森林风光。同时，这里还是全世界涨潮时水位线最高的地区之一。埋葬着作家、政治家夏多布里昂的格良贝岛，由于与陆地只有一处堤道连接，一旦涨潮，就会被完全淹没而无法通行，游客前往参观的时候，务必事先向当地旅游部门咨询潮汛到来的时间。

25 兰斯圣母大教堂

象征着法国王权的圣地 ★★★★ 赏

　　作为法兰西引以为傲的世界遗产之一、13世纪建筑工艺与雕塑装饰完美结合的哥特式建筑的优秀代表，兰斯圣母大教堂在法国人心目中的地位绝对丝毫不亚于同样久负盛名的巴黎圣母院。兰斯圣母大教堂宏伟壮观，任何语言似乎都不足以精确地描述出它的庄严、精致与美丽。每当光影流动，教堂内多达2302座以圣经故事为题材创作的雕像在地面和墙壁间投射出不同的姿态，令人过目难忘。

　　教堂大门正面北侧还有一座名为《微笑的天使》的雕像，由于造型甜美、生动，现在已经成为了兰斯的象征，被称作"兰斯的微笑"。实际上，自496年第一位法国国王克洛依选择在兰斯加冕伊始，这里便成为象征着法国王权的圣地。英法百年战争时期，圣女贞德也曾护送查理七世前来此处加冕。

Tips
🏠 1 Rue Guillaume de Machault,51100 Reims ☎ 03-26475534 💴 免费 🕐 7:30—19:30

法国攻略　法国其他

215

法国攻略　法国其他

26 维朗德里城堡
● ● ●　镶嵌在卢瓦尔河畔的一颗明珠　★★★★ 赏

维朗德里城堡坐落在法国中部风景秀丽的卢瓦尔河畔，是16世纪弗朗索瓦一世在他统治法国期间建造的最后一座著名的城堡，也是文艺复兴时期一座极具魅力的建筑。质朴和谐、典雅精致的外观充分体现出16世纪的建筑风格。到了18世纪，这座城堡已经变得疮痍满目，并且经过多次改建。直到1906年，西班牙籍生理学家乔西姆·卡瓦洛买下了这座城堡，之后几经修复才终于恢复了美丽的原貌，重现出文艺复兴时期的建筑风格。

Tips
🏠 1 Rue Principale,37510 Villandry ☎ 02-47500377

27 兰斯德鲁埃·艾隆广场
● ● ●　兰斯最生机勃勃的地方　★★★★ 逛

Tips
🏠 Place Drouet d'Erlon,51100 Reims

德鲁埃·艾隆广场在旧时曾是执行死刑的地方，1903年广场在进行全面整修时移走了艾隆伯爵的雕像，之后修建了一条长20公里的中央大道，在每条人行道上栽植了成排的绿树，成为现今兰斯最生气蓬勃的城市广场。附近街道两侧林立着大量餐厅和商店，吸引了来自世界各地的游客在这里小憩片刻。在广场正中最引人注目的舒贝喷泉始建于1904年，在第二次世界大战期间，立柱顶端青铜打造的胜利女神曾被德军拆下，直到1989年才得以重新安置，立柱下方则有拟人形态的4道喷泉，分别象征附近河流的四大源头。

28 科尔马 75分！

法国东北部的"小威尼斯"

坐落在法国东北部的小镇科尔马，是一座享有"小威尼斯"美誉的城市。早在16世纪时期，酒商们便已经开始使用当地的河道来运送葡萄酒，而皮革制造商们则在河边忙碌地清洗着毛皮。整个城市花团锦簇，游客们只要坐上形似意大利威尼斯的平底船，沿着河道轻松前行，便能感受到水乡那一份独特的浪漫情怀。

至于说到当地的特产，葡萄美酒自然是第一位的。今天的科尔马每年9月都会举办为期两周的美酒节，届时白葡萄酒、德国啤酒和其他琳琅满目的酒类产品定然会让远道而来的人们大饱口福。此外，同月举办的泡菜节也很有名，除开节日的主角——一种用白葡萄酒腌渍的甘蓝菜，身着传统黑白服饰的亚尔萨斯男女们更是活动期间最大的亮点之一。

值得一提的是，历史上的科尔马还诞生过一位伟大的艺术家——巴托尔迪。1876年，为了向独立100周年的美国表示庆祝，法国政府赠送了一尊由巴托尔迪创作的自由女神雕像，现今已经成为美国的象征之一。

Tips
法国北部阿尔萨斯省莱茵河区 ☎03-89206892（游客服务中心）从巴黎乘开往斯特拉斯堡的快速火车，之后换乘开往巴塞尔的火车即达

29 科尔马菩提树下美术馆

阿尔萨斯地区的艺术天堂

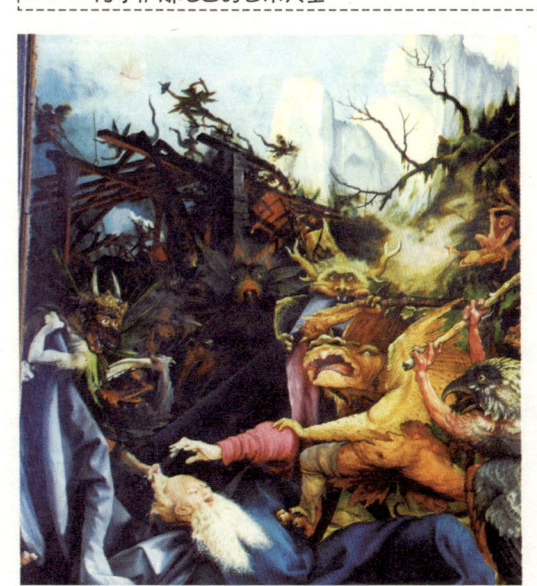

Tips
1 Rue d'Unterlinden,68000 Colmar
☎03-89201550 5月至11月9：00-18：00；11月至次年4月9：00-12：00，14：00-17：00

菩提树下美术馆位于13世纪的菩提树下多明戈修道院内，法国大革命时期修道院遭到废弃，而后成立于1847年的Schongauer协会决定将其改建成博物馆，用来收藏当地的众多珍贵艺术品。在菩提树下美术馆内收藏的众多艺术珍品之中，出自德国画家Matthias Grunewald之手的《伊森海恩祭坛画》位于礼拜堂正中，由多片彩绘镶板组成，堪称菩提树下美术馆的镇馆之宝。此外，美术馆内还收藏了Jost Haller的《耶稣受难像》、科尔马当地画家Martin Schongauer创作的祭坛画与版画，以及《圣母与圣坛》、《殉道者凯瑟琳》等莱茵河早期艺术绘画作品。

法国
攻略HOW

附录
摩纳哥公国

面积仅1.95平方公里的摩纳哥是全世界最富裕的国家之一,在这个袖珍国短短几百米长的海岸线上散落着亲王宫、大教堂、海洋博物馆、建于中世纪的旧城古街巷、纸醉金迷的国际娱乐场和奢华典雅的豪华酒店等。

法国攻略

摩纳哥公国

摩纳哥公国 特别看点！

第1名！
蒙特卡洛！
100分！ 
★ 举世闻名的赌博与旅游之城！

第2名！
摩纳哥王宫！ 
90分！
★ 摩纳哥百年传统的守护神！

第3名！
日本花园！ 
75分！
★ 石、水、花、木和谐地融合在一起，整个花园是一个真正的艺术杰作！

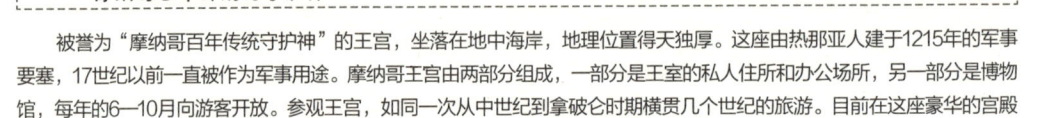

01 摩纳哥王宫　90分！
●●● 摩纳哥百年传统的守护神　★★★★★ 赏

　　被誉为"摩纳哥百年传统守护神"的王宫，坐落在地中海岸，地理位置得天独厚。这座由热那亚人建于1215年的军事要塞，17世纪以前一直被作为军事用途。摩纳哥王宫由两部分组成，一部分是王室的私人住所和办公场所，另一部分是博物馆，每年的6—10月向游客开放。参观王宫，如同一次从中世纪到拿破仑时期横贯几个世纪的旅游。目前在这座豪华的宫殿中，可参观意大利式长廊、路易十五客厅、马萨兰客厅、座厅、巴拉丁小教堂、圣马力塔楼。王宫广场周围陈列着路易十四时期铸的炮台，从广场放眼望去可看到蒙特卡洛港，远可望到意大利的泊蒂凯拉角，从西南侧远眺，则可将峰威区的风光尽收眼底。

Tips
🏠 Place du Palais ☎ 377-93251831 💰 免费 📅 6月至10月9:30—18:20 🚆 在巴黎里昂车站乘TGV火车至摩纳哥，后步行15分钟即达

220

02 摩纳哥大教堂

为格蕾丝王妃献上一束鲜花

★★★★ 赏

Tips
- 4 Rue du Colonel Bellando de Castro
- 377-93308770　免费　8：30—19：00
- 在巴黎里昂车站乘TGV火车至摩纳哥，后步行15分钟即达

始建于1875年的摩纳哥大教堂由来自法国阿尔卑斯山村杜尔比的白色石料建成，因此大教堂外观为白色，整个建筑呈现了罗曼及拜占庭的风格。摩纳哥大教堂是1956年好莱坞明星格蕾丝·凯莉与兰尼埃三世亲王举行婚礼的教堂。从1885年之后，摩纳哥王室成员大多埋葬于此，格蕾丝王妃死于车祸后也葬于此地，现今仍有无数游客在参观之余为王妃的墓碑献上鲜花。

教堂内每逢重要节日就有大主教祭礼，教堂内部主祭坛后的装饰屏创作于1500年，出自尼斯画家路易·布雷阿之手。1976年，教堂开始使用四排键管风琴，管风琴奏出的华美的音色、深沉的乐曲为节日增色不少，使得这座大教堂成为举办宗教音乐会的理想场所。

03 蒙特卡洛　100分！

摩纳哥大公国的代名词

★★★★★ 逛

Tips
- 摩纳哥东北

1865年，为了解决当时日益严重的财政危机，摩纳哥公国政府在旧城区北边的一处岬角上开设了第一家赌场，此后当地的赌博业迅速发展，最终成为占其年财政总收入约40%的支柱产业，这个地方便是今天举世闻名的赌博与旅游之城蒙特卡洛，摩纳哥公国的代名词。

当地的标志性建筑是蒙特卡洛大赌场，始建于1863年，是一幢古色古香的宫殿式建筑，再加上周边风景绚丽，向来极受欢迎。游客在缴纳了约10法郎的费用后，便会成为赌场的"一日会员"，即便是无意于赌博，单是去感受一番赌场内的气氛，想来也是一件叫人终生难忘的事情。

当然了，蒙特卡洛所拥有的不仅仅只是赌场和美丽的风景而已。每年的1月和5月，当地都会举办蒙特卡洛大赛车和世界一级方程式赛车蒙特卡洛站的赛事。此外，音乐会、歌剧演出、国际马戏节、芭蕾舞表演以及7~8月的焰火盛会，更是让这座城市充满了无限的生机和活力。

法国攻略　摩纳哥公国

221

04 圣德沃特教堂

●●● 纪念圣德沃特的教堂 ★★★★ 赏

Tips

📍 Place Sainte-Dévote ☎ 377-93505260
💰 免费

相传，在公元312年曾有小船载着殉难者圣德沃特的尸体从科西嘉岛起航，在一只鸽子的引领下一路漂流到摩纳哥。摩纳哥人为纪念此事，将每年1月27日定为圣德沃特节，并在节日前一天的晚上焚烧一只木船，表示对圣德沃特的纪念。现今的圣德沃特教堂建于1870年，在原教堂的基础上重建而成，吸引了众多游客在圣德沃特节期间来教堂内游览。

05 异国花园

●●● 超现实的自然王国 ★★★★ 玩

Tips

📍 62 Boulevard du Jardin Exotique ☎ 377-93152980 💰 6.9欧元 🕘 9：00—19：00 🚌 乘2路公交车至Jardin Exotique站，下车即达

摩纳哥的首都摩纳哥城坐落在西边海峡的阿尔卑斯山脉伸入海中的一座陡峭的悬崖上，被称为"悬崖顶上的首都"，如此惊心动魄却又被誉为"世界上最安全的国家"。阳光、海滩、歌剧、SPA、F1方程式赛车、豪华酒店，让摩纳哥这个不到2平方公里的地中海小国散发出耀眼光芒，吸引着全世界的眼光。

顺着蒙特卡洛市区的石阶就可以找到异国花园，花园建于1933年，园内引种了7000余种植物，主要是热带的奇花异草。在这里可以俯瞰整个摩纳哥，穿过公园来到山上，山中还藏着一个天然的溶洞，溶洞的入口在园林深处的山腰上，从那儿顺石阶下行558级，曲曲弯弯通到约60米深的洞底。洞口下面是史前人类博物馆，摩纳哥人的祖先曾在这里居住。

06 日本花园 75分!
恍若人间仙境的园林 ★★★★ 玩

这个清秀静幽的花园是由世界上著名的园林设计师亚索·倍布设计的，位于地中海沿岸，据说一位神道大道士为这个公园念了一套经来祝福。整个花园是一个真正的艺术杰作，在这里，石、水、花、木和谐地融合在一起。松树、橄榄树等按照日本的传统进行修剪，带有象征意味的各种形状的小岛点缀在池塘、瀑布间，水在花间，人在花水间。

花园中所有的石头都是天然的，但是每一块又似乎经过了形状、色泽、体积等的严格挑选。园中所有的竹篱笆、茶馆、石灯、瓦片及木门都来自日本。漫步园中，绿地、鲜花在喷雾机打出的雾气中若隐若现，恍若人间仙境。

Tips
Avenue Princesse Grace, 98000 Monaco/Monte-Carlo 377-92166000 12.5欧元，学生6欧元 9：30—19：00 乘1路、2路公交车至Monaco-Ville站，下车即达

07 摩纳哥国立博物馆
摩纳哥最精彩的博物馆 ★★★★ 赏

毗邻摩纳哥格里马迪会议中心的摩纳哥国立博物馆收藏了制造于19世纪的400多个洋娃娃，其中有80余个是可以活动的玩偶。上好发条后，玩偶或动或笑，宛如真人一般，而众多洋娃娃住的迷你房屋也颇为精致，因此这里被誉为"摩纳哥最精彩的博物馆"。这些洋娃娃和迷你房屋等全由20世纪初一位名为Madeleinede Galea的贵妇所提供，现今在博物馆内还展示有印象派大师雷诺阿为她所画的肖像画。

Tips
Ave. Princesse Grace 377-93309126 6欧元 10：00—12：15 从摩纳哥游客服务中心步行约19分钟即达

法国攻略 摩纳哥公国

223

08 摩纳哥港

感受摩纳哥的富人生活 ★★★★ 逛

Tips
摩纳哥东部海边

摩纳哥港停满了各式各样的高级游艇，与港湾附近鳞次栉比的建筑形成错落有致的海港美景。每年的F1方程式赛车摩纳哥大奖赛期间，各个车队的F1赛车在摩纳哥的公路上呼啸而过，与美丽宁静的摩纳哥海港景色形成鲜明的对比。而港口附近林立的众多餐厅则是游客观看F1比赛之余欣赏海港落日、体会只属于摩纳哥的浪漫情调的地方。

09 巴黎饭店

摩纳哥最负盛名的豪华饭店

开业于1864年的巴黎饭店是摩纳哥公国内最负盛名的豪华饭店，在酒店150多年的历史中，从维多利亚女王到众多好莱坞影视明星，在此下榻的世界名流早已不计其数，现今巴黎饭店依旧是蒙特卡洛身价最高的饭店。酒店大厅内华贵古典的家具和吊灯吸引了每一个来到这里的游客的目光。饭店内的帝国厅建于拿破仑三世在位期间，至今仍旧保留着诸多18世纪的名画真迹。而位于顶楼的Le Grill餐厅的天花板则可以打开，以便就餐者一边品尝这里的美味料理，一边欣赏蒙特卡洛美丽的夜空。每到夏季燃放焰火时，这里更是绝佳的欣赏地点。

Tips
- Place du Casino,98000 Monte-Carlo
- 377-0892680689 从摩纳哥游客服务中心步行5分钟即达

法国攻略　摩纳哥公国

225

10 海洋博物馆与水族馆

美妙的海底世界

1910年，在亲王阿勒拜尔一世的主持之下，摩纳哥海洋博物馆与水族馆举行了盛大的开馆仪式。这是一座献给海洋的博物馆，同时也是世界建筑领域的一大杰作——博物馆巍然耸立在面向大海的礁石之上，高约85米，仅是徒毕尔的方石便使用了约10万吨，整个工期更是长达近11年之久。

博物馆分两层向游客开放，主要收藏有阿勒拜尔亲王收集的海洋动物骨骼和各种动物标本，尤以一条长达20米的鲸鱼标本最为有名。同时，亲王陛下使用过的试验船模型和海洋工艺品也列在其间。至于地下的水族馆，则饲养着200多条无脊椎动物和4000多条鱼，分别养在90只鱼缸里，是世界上展示热带海洋生物最好的展馆之一。

此外，博物馆里一口容积达450立方米的巨型鱼缸展示了五光十色的珊瑚礁，游客可以大饱眼福。

Tips

- Avenue Saint-Martin
- 377-93153600
- 13欧元
- 9：30—19：00
- 在巴黎里昂车站乘TGV火车至摩纳哥后，步行15分钟即达

11 摩纳哥邮票钱币博物馆

纪念圣德沃特的教堂　★★★★ 赏

摩纳哥邮票钱币博物馆是一座十分现代化的博物馆，馆内陈列的都是摩纳哥王室数百年来收藏的各种精美邮票和钱币，每一样都是难得的精品。这些藏品既包括珍贵的黑便士，也包括各种主题的成套邮票，让人可以清晰地了解世界邮票的发展历史。钱币的收藏也是十分丰富，历史上各个时期各个政权发行的不同钱币这里都有所涉猎，其中不少都是发行量极少的珍稀藏品，让每个人看过之后都惊叹不已。

Tips
🏠 Terrasses de Fontvieille, 98000 Monaco
☎ 377-93154150　¥ 3欧元

12 赫米提兹饭店

很具南欧风范的建筑　★★★★ 吃

赫米提兹饭店开业于1899年，是一座很具南欧风范的建筑。由于受到来自意大利的格里马迪家族的影响，这里的建筑很有意大利风情，建筑的里面和装饰的壁画都含有意大利元素。饭店里的"冬日花园"是最受游客们欢迎的焦点，在这里有一处被彩绘玻璃包围的铁饰大厅，是著名的设计师埃菲尔的手笔。人们可以在这里一边享用美食，一边欣赏地中海的诸多美景。特别适合情侣与夫妻一起前来。

Tips
🏠 Square Beaumarchais　☎ 3377-98065970

法国攻略　摩纳哥公国

227

索引 INDEX 法国攻略

A

Alziari橄榄油专卖店	…198
阿尔勒公园	…184
阿尔勒古迹博物馆	…181
阿尔勒古罗马剧场	…181
阿尔勒圆形竞技场	…180
阿尔玛广场	…064
埃菲尔铁塔	…048
艾古斯汉	…153
爱丽舍宫	…085
爱情森林	…144
安纳西	…165
昂日湾	…193
奥赛博物馆	…125

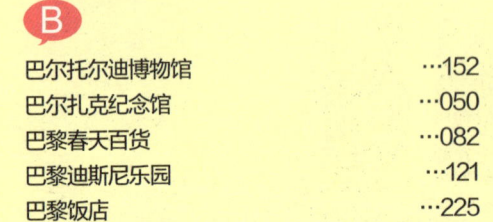

B

巴尔托尔迪博物馆	…152
巴尔扎克纪念馆	…050
巴黎春天百货	…082
巴黎迪斯尼乐园	…121
巴黎饭店	…225
巴黎流行服饰博物馆	…054
巴黎清真寺	…118
巴黎圣母院	…093
巴黎市立美术馆	…065
巴黎市立现代美术馆	…123
巴黎市政厅	…098
巴黎唐人街	…119
巴黎下水道博物馆	…066
巴士底歌剧院	…107
巴士底狱遗址	…107
白莱果广场	…163
贝西区	…060
贝希隆冰激凌	…095
比欧特旧城区	…201
毕加索美术馆	…124
冰海	…164
波城古堡	…189
波尔多大剧院	…205
波尔多交易所广场	…207
波克普咖啡馆	…127
布迪旅店	…133

布雷阿岛	…145
布列塔尼议会宫	…142
布隆尼森林	…120
布卢瓦城堡	…211

C

城堡美术馆	…196
城堡遗迹公园	…194

D

戴高乐广场	…067
迪贝莱广场	…087
迪南旧城区	…141
第戎圣母院	…122
丁香园咖啡馆	…106
都德的风车	…185
杜乐丽花园	…077
多维尔娱乐场	…134

E

俄罗斯东正教大教堂	…195

F

Fauchon	…083
凡尔赛宫	…121
梵高纪念艺廊	…184
梵高咖啡馆	…184
梵高医院	…182
纺织博物馆	…157
费南德·雷杰国家美术馆	…201

枫丹白露宫	…123
孚日广场	…116
富格	…058

G

高卢-罗马文化博物馆	…160
格拉斯	…200
格拉斯国际香水博物馆	…200
格朗维尔小镇	…134
格勒凡蜡像馆	…110
葛哈内博物馆	…186
共和广场	…183
古罗马剧场	…160
国立中世纪博物馆	…129
国民议会大厦	…051

H

HB陶器工厂	…141
海洋博物馆与水族馆	…226
和平咖啡馆	…081
赫迪亚	…084
赫米提兹饭店	…227
红磨坊	…103
花神咖啡馆	…112

J

吉梅博物馆	…050
吉美博物馆	…124
加尼耶歌剧院	…080
戛纳影节宫	…195

狡兔之家	…081
橘园美术馆	…126
军事博物馆	…052

K

卡昂	…213
卡尔卡松	…211
卡内比耶大道	…172
凯斯堡	…152
凯旋门	…059
坎康斯广场	…208
坎佩尔美术博物馆	…142
康蒂尼博物馆	…173
科尔贝号巡洋舰	…208
科尔马	…217
科尔马尔菩提树下博物馆	…149
科尔马菩提树下美术馆	…217
孔卡诺岛	…144

L

Ladurée	…091
Le Bon Marche	…106
Louis Vuitton总店	…060
拉德芳斯新区大拱门	…119
拉菲特·罗施尔德庄园	…210
拉兹角	…143
兰斯德鲁埃·艾隆广场	…216
兰斯圣母大教堂	…215
蓝色火车餐厅	…157
朗波勒·吉米利欧牧区教堂	…145

老佛爷百货	…083
老救济院	…169
雷阿勒商场	…104
雷恩旧城区	…140
里昂贝勒库尔广场	…156
里昂灯光节	…159
里昂歌剧院	…158
里昂老城	…161
里昂圣母教堂	…159
里博维莱	…152
里克威尔	…150
里欧力大道	…097
力普啤酒馆	…111
丽都	…067
丽港修道院	…145
联军登陆博物馆	…132
列航群岛	…196
隆尚宫	…173
卢浮宫	…070
卢米埃尔纪念馆	…161
卢森堡公园	…105
鲁昂大钟	…214
鲁昂大钟楼	…137
鲁昂旧城区	…135
鲁昂圣马克劳教堂	…134
鲁昂圣马克鲁教堂	…214
鲁昂圣母大教堂	…136
鲁昂圣女贞德教堂	…213
罗丹美术馆	…051
罗马码头博物馆	…170

洛克罗南小镇 …143

M

马德莱娜广场 …084
马德莱娜教堂 …084
马蒂斯博物馆 …198
马尔戈酒庄 …209
马摩坦美术馆 …067
马塞纳美术馆 …199
马赛旧港 …168
马赛美术馆 …175
马赛市立歌剧院 …172
马赛市政厅 …171
马约尔大教堂 …171
蒙巴纳斯大道 …113
蒙巴纳斯大厦 …112
蒙马特博物馆 …128
蒙马特达利空间 …128
蒙马特葡萄园 …114
蒙特卡洛 …221
蒙田大道 …063
米拉波大道 …187
米其林专卖店 …084
摩纳哥大教堂 …221
摩纳哥港 …224
摩纳哥国立博物馆 …223
摩纳哥王宫 …220
摩纳哥邮票钱币博物馆 …227

莫里哀喷泉 …075
莫奈花园 …133
穆顿·罗特席尔德庄园 …210

N

拿破仑之墓 …053
南针峰 …164
尼斯旧城区 …194
尼斯珍梅德森大道和马塞纳广场 …193

P

帕特广场 …113
佩雷斯-吉雷克 …145
蓬皮杜文化艺术中心 …098
皮耶尔桥 …206
普罗旺斯博物馆 …201

Q

七岛 …144
骑兵凯旋门 …076

R

Rue du Faubourg St-Honoré …85
Rue Xavier Privas …92
染匠街 …180
人头屋 …150
日本花园 …223
荣军院 …052
瑞士村跳蚤市场 …049
若望二十三世广场 …099

S

塞纳河	···090
塞农克圣母修道院	···182
塞尚故居	···188
塞尚画室	···188
桑斯宅第	···096
沙尔特龙区	···209
舍农索城堡	···204
圣安德烈教堂	···205
圣奥诺雷街	···061
圣贝内泽桥	···179
圣德沃特教堂	···222
圣杰罗维·圣普维特教堂	···097
圣救者教堂	···141
圣凯瑟琳街	···206
圣科伦坦教堂	···143
圣路易岛	···099
圣马丁运河	···108
圣马克劳墓地	···137
圣马洛	···215
圣梅丽教堂	···118
圣米歇尔大道	···091
圣米歇尔广场	···115
圣米歇尔教堂	···207
圣米歇尔山修道院	···135
圣米歇尔山修道院	···211
圣母加德大教堂	···170
圣女贞德教堂	···136
圣皮埃尔教堂	···141
圣让首席大教堂	···158
圣日耳曼大道	···111
圣日耳曼德佩教堂	···102
圣苏维尔大教堂	···189
圣徒礼拜堂	···095
圣托菲姆教堂	···183
圣托诺恩圣母教堂	···143
圣维克多修道院	···174
圣心大教堂	···109
圣耶戈纳迪蒙教堂	···116

香波堡	…122
香榭丽舍大街	…059
小法国区	…149
小皇宫	…066
小十字大道	…196
小威尼斯	…151
协和广场	…076
新桥	…096

Y

亚历山大三世桥	…065
亚维农教皇宫	…178
亚维农圣母院	…179
亚维农时钟广场	…179
盐之路	…142
伊夫城堡	…169
依云镇	…165
艺术博物馆	…162
艺术桥	…075
异国花园	…222
印象派美术馆	…132
英国人散步道	…192
雨果纪念馆	…127
圆顶咖啡馆	…094

Z

战神广场	…049
众神的食堂	…117
铸币博物馆	…126

石棺公园	…185
史特雷尔面包店	…099
双磨坊咖啡馆	…103
司法大厦	…093
丝芙兰	…061
斯特拉斯堡圣母院大教堂	…148
斯特拉文斯基广场	…117
苏给区（戛纳旧城区）	…197
索邦大学	…120

T

特罗卡岱罗花园	…053
题德多公园	…162
图卢兹圣塞南教堂	…210
图卢兹雅各宾修道院	…212
图卢兹政府大厦广场	…212

W

万神殿	…115
王宫	…075
旺多姆广场	…074
维朗德里城堡	…216
我的勃艮第	…082
雾巷	…114

X

西岱岛	…092
夏加尔博物馆	…197
夏乐宫	…055
夏慕尼	…163
现代与当代艺术美术馆	…199

考拉旅行书目

○ 攻略系列！

韩国攻略 | 欧洲攻略 | 日本攻略 | 台湾攻略

法国攻略 | 美国攻略 | 新加坡攻略 | 西班牙攻略

西藏攻略 | 香港攻略 | 德国攻略 | 英国攻略

意大利攻略

更多图书
敬请期待……

考拉旅行书目

● 畅游系列！

畅游韩国	畅游美国	畅游欧洲	畅游台湾	畅游泰国
畅游澳大利亚	畅游德国	畅游法国	畅游日本	畅游意大利
畅游北欧	畅游加拿大	畅游瑞士	畅游西班牙	畅游新加坡
畅游香港	畅游英国	畅游新西兰	畅游东南亚	畅游希腊

更多图书
敬请期待……

图书在版编目（CIP）数据

法国攻略/《法国攻略》编辑部编著. --北京：华夏出版社，2017.4
（全球攻略）
ISBN 978-7-5080-9008-5

Ⅰ. ①法… Ⅱ. ①法… Ⅲ. ①旅游指南－法国 Ⅳ. ①K956.59

中国版本图书馆CIP数据核字（2016）第260054号

法国攻略

作　　者	《法国攻略》编辑部
责任编辑	杨小英
责任印制	刘　洋
出版发行	华夏出版社
经　　销	新华书店
印　　装	北京华宇信诺印刷有限公司
版　　次	2017年4月北京第1版　2017年4月北京第1次印刷
开　　本	720×920　1/16开
印　　张	15
字　　数	200千字
定　　价	49.80元

华夏出版社　网址：www.hxph.com.cn　地址：北京市东直门外香河园北里4号　邮编：100028
若发现本版图书有印装质量问题，请与我社营销中心联系调换。电话：（010）64663331（转）

考拉旅行 乐游全球